Georges Bataille

Stuart Kendall

关键人物 · Critical Lives

巴塔耶

[美] 斯图尔特·肯德尔 著

姚峰 译

著作权合同登记号 图字：01-2008-1007

图书在版编目（CIP）数据

巴塔耶／（美）斯图尔特·肯德尔（Stuart Kendall）著；姚峰译．—北京：北京大学出版社，2018.5

（关键人物）

ISBN 978-7-301-28962-4

Ⅰ.①巴… Ⅱ.①斯… ②姚… Ⅲ.①巴塔耶（Bataille, Georges 1897—1962）—传记 Ⅳ.①B565.59

中国版本图书馆CIP数据核字（2017）第300368号

Georges Bataille by Stuart Kendall was first published by Reaktion Books, London 2007, in the Critical Lives series.

Copyright © Stuart Kendall 2007

Simplified Chinese translation copyright © 2018 by Peking University Press.

All Rights Reserved.

本书中文简体字版经授权由北京大学出版社限在中华人民共和国境内（不包括香港特别行政区、澳门特别行政区和台湾）独家出版发行。

书　　　名	巴塔耶 BATAYE
著作责任者	[美]斯图尔特·肯德尔 著　姚峰 译
责任编辑	闫一平
标准书号	ISBN 978-7-301-28962-4
出版发行	北京大学出版社
地　　　址	北京市海淀区成府路205号　100871
网　　　址	http://www.pup.cn　新浪微博：@北京大学出版社 @培文图书
电子信箱	pkupw@qq.com
电　　话	邮购部 62752015　发行部 62750672　编辑部 62750112
印　刷　者	天津联城印刷有限公司
经　销　者	新华书店 880毫米×1230毫米　32开本　10.5印张　185千字 2018年5月第1版　2020年8月第2次印刷
定　　　价	54.00元

未经许可，不得以任何方式复制或抄袭本书之部分或全部内容。

版权所有，侵权必究

举报电话：010-62752024　电子信箱：fd@pup.pku.edu.cn

图书如有印装质量问题，请与出版部联系，电话：010-62756370

目录 Georges Bataille

- 001　导　言　戴荆冠的耶稣画像
- 011　第一章　遗　弃
- 027　第二章　尝试逃避
- 043　第三章　暴力和尊贵
- 061　第四章　地下人
- 075　第五章　无限戏仿
- 097　第六章　异质学
- 119　第七章　粪便哲学家
- 129　第八章　民主共产圈
- 155　第九章　危　机
- 175　第十章　反　攻
- 191　第十一章　阿塞法勒
- 207　第十二章　社会学学院
- 225　第十三章　战　争
- 237　第十四章　超越诗歌

261	第十五章　在超现实主义和存在主义之间
279	第十六章　大　全
301	第十七章　未尽之作
322	部分参考书目
326	致　谢
327	图片使用致谢

1961 年的乔治·巴塔耶。

导言　戴荆冠的耶稣画像

对立是真正的友谊。

威廉·布莱克（William Blake）

1962 年，乔治·巴塔耶去世。不久，他的最后一本书《厄洛斯的泪水》(*Les Larmes d'Eros*) 以有伤风化的罪名被法国文化部查禁。《厄洛斯的泪水》从史前时代追溯至当下，主要通过传统的图像概述了欲望的历史。最令人惊骇的图像——称作"凌迟"的中国酷刑——是一种虐待狂似的色情画面。读者对这些画面难以接受，甚至莫名其妙。在巴塔耶看来，这些图像证明了对立双方——性爱与死亡、恐怖与欢愉、宗教救赎与违反刑律——的相似性。在此相似性中，巴塔耶察觉到了一种无限回返的能力，一种从"最难以启齿到最为高尚"的过渡，一种从刺骨之痛到飘飘欲仙的解脱。[1]

在巴塔耶整个写作生涯中——因死亡戛然而止——没有其他任何一本封面印有巴塔耶名字的书遭到查禁。四十年来,他以笔名隐藏了真实身份,以印数较少的精装本出版最为惊世骇俗的作品。而那些他的确署了真名的作品——散文、小说、诗歌;经济学研究、人类学和美学批评——只有明察秋毫的读者才能发现其中令人侧目之处。作为国家图书馆的职员,巴塔耶如受到指控,他是无法承受其后果的:会因此丢掉工作。但更为有趣的是,这场隐姓埋名出版作品的大戏本身——身份的游戏、面具的玄机——对于巴塔耶的文学志业至关重要。巴塔耶写作并不为扬名,对声名反而唯恐避之不及:他在写作中故布疑阵,令读者扑朔迷离,难见其真意。他的写作毁灭文字,展现完全交流的终极不可能性,并开辟了不可能性——异质、不同、神圣——得以传达的空

---

[1] *OC* 10, 627; *The Tears of Eros* 206. 出自乔治·巴塔耶的《全集》(*Oeuvres complètes*)(Paris, 1970—1988)的引文标注为:*OC* 卷号,页码。出自乔治·巴塔耶的《小说和故事》(*Romans et Récits*)(Paris, 2004)的引文标注为:*Romans* 页码。出自乔治·巴塔耶的《书信选集》(*Choix de lettres*)(Paris, 1997)的引文标注为:*Lettres* 页码。在美国,英文版是最通行的版本,按照题名和页码排列。完整的出版信息,请参见参考书目。如果之前没有英文版,所有翻译都是我本人所作。译文偶尔有所改动,不再一一说明。

间。在《厄洛斯的泪水》中,巴塔耶正是采取了这样的策略,即言说时却不见语言,而是通过图像的铺陈:他的临终遗作大抵是静默无语的。这本书遭遇查禁,更加证明了该书传播力之强,倍增其沉默之魅惑。

然而,一股逆反的潮流已喷薄而出。认可巴塔耶的潮水开始流淌;这是友谊的力量,也是势在必行之事。1963年,《批评》——巴塔耶于1946年创办的刊物——为纪念他首次设立专刊。[1] 刊物集中了老朋友们——阿尔弗雷德·梅特罗(Alfred Métraux)、让·布鲁诺(Jean Bruno)、雷蒙·格诺(Raymond Queneau)、皮埃尔·克罗索斯基(Pierre Klossowski)、米歇尔·莱里斯(Michel Leiris)、安德烈·马松(André Masson)、让·皮埃尔(Jean Piel)、让·瓦尔(Jean Wahl)和莫里斯·布朗肖(Maurice Blanchot)——纪念他的声音,还有法国新一代知识分子——罗兰·巴特(Roland Barthes)、菲利浦·索莱尔斯(Philippe Sollers)和米歇尔·福柯(Michel Foucault)——的声音,他们认为巴塔耶的作品是尤其不可或缺的。福柯此外还推介了巴塔耶的《全集》:"今天,我们终于知道:巴塔耶是他那个世纪最重要的作家之一。"[2]

---

[1] *Critique*, 195—196 (August-September 1963).

[2] *OC 1*, 5.

实际上，如果缺了他，西方后结构主义思潮是无法想象的。罗兰·巴特、雅克·德里达（Jacques Derrida）、让-弗朗索瓦·利奥塔（Jean-François Lyotard）、朱丽娅·克里斯蒂娃（Julia Kristeva）和让·鲍德里亚（Jean Baudrillard）等在很多场合发表的文章都谈及巴塔耶，或者在他的影响下开始了写作生涯。1972 年，《原样》（*Tel Quel*）杂志组织了为期一周的会议，讨论巴塔耶和阿尔托（Artaud）。在巴塔耶去世后的十年中，类似的会议召开了很多，这是第一场。20 世纪 80 年代，美国刊物《十月》（*October*）周围的艺术评论家们发起了纪念巴塔耶的专刊，说明了巴塔耶的作品对于他们的重要性。[1]

巴塔耶作品的新版本以及有关他的新书和选集不断问世。人们对巴塔耶产生持续的热情——这股热情至今丝毫没有减退的迹象——这其中原因很多，扑朔迷离，相互矛盾。以下是主要原因——巴塔耶是同时代最重要的色情小说家之一，他酷爱恐怖和暴虐；极端时代中的一位极端思想家。以下是深层次的原因——巴塔耶开创了分析整个系统的方法，这种方法也许日后会被证明是 20 世纪最重要的批评成果之

---

[1] *October*, 36 (1985).

一；他在写作中对人性的弱点无限同情，为争取人类的自由不遗余力。作为心理学家和语言哲学家、小说家和诗人、曾经的宗教信徒和神秘主义者，他对知识与交流的用途和限度的探索，相较同世纪中的任何人都更为多元、更为彻底。没有其他作家在如此宽广的领域中做出如此重要的贡献。

然而，与其前辈弗里德里希·尼采（Friedrich Nietzsche）相似，乔治·巴塔耶真可谓生不逢时。他总是身处边缘，在其时代从未有归属之感，即便今天，他的生平和作品对我们依然晦暗不明。

巴塔耶的写作与其时代中的每一主流思潮、艺术和政治潮流都格格不入——甚至水火不容。后来身为一位笃信天主教国度中的无神论者，他对先后登场的超现实主义、马克思主义和存在主义思潮均持否定立场。对巴塔耶而言，超现实主义是无足轻重的理想主义，对艺术而非对生活的狂热；马克思主义未能将唯物主义建构于驱动物质世界的能量之中；萨特的存在主义受制于已被时间抛弃的意识理论。在结构主义时代，巴塔耶将结构主义方法推至矛盾对立的境地。他批评心理分析以及法国学派的社会学是不完整的，同时又能抓住二者的本质思想，并根据自己的需要加以改造。巴塔耶不是简单的无神论者：借用《内在体验》（*L'Expérience intérieure*）中的词语，他猛地扼住神的咽喉，在创造性的破坏行动中牺牲自己最高的价值观以及他所属时代的价值观。

巴塔耶并不寻求新知识，而是追求经验、某种自主的经验，这对他而言就是体验没有约束的自由：摆脱了语言、学科、功用、文化和身份的自由；一种不可能的自由。巴塔耶这样写道："问题不在于实现某个目标，而在于逃离这些目标所代表的陷阱。"[1]

如果简单地说巴塔耶的写作与其时代的主流思潮相对立，这会忽略他采用的方法。他对这些思潮的逆写，是通过在这些思潮内部写作，通过回应这些思潮，既回应那些代表传统的已故作家，也回应他们活着的遗产，即他们的学生们。最为重要的是，他在友谊的语境中写作。

在谈及对巴塔耶的人生和作品产生了最大影响这个问题时，人们发现其中既有大量作品，如尼采的作品，也有与作品相关的私人交往，如与俄国流亡哲学家列夫·舍斯托夫（Lev Shestov），他在20世纪20年代早期向巴塔耶传授了尼采的思想。阿尔弗雷德·梅特罗向巴塔耶介绍了迪尔凯姆（Durkheim）和莫斯（Mauss）；米歇尔·莱里斯和安德烈·马

---

[1] *OC* 7, 462; *My Mother* 222.

松让他接触到超现实主义运动;阿德里安·博雷尔(Adrien Borel)是他的精神分析学家;亚历山大·科耶夫(Alexandre Kojève)向巴塔耶——以及与巴塔耶同辈的几位有影响的人物——传授了黑格尔《精神现象学》中的精微复杂之处。于是,巴塔耶在与他们的对话和差异中发展了自己的思想。公开对话——讲座——对巴塔耶而言非常重要,他大量的作品发表于那些风行一时却昙花一现的杂志上,仅有少量被收入"永恒"的图书出版问世。巴塔耶的思想和作品与其人生经历是不可分割的。

巴塔耶在友谊和背叛之中生活和写作,每个单词和姿势既表明共同语言和兴趣的相似性,也表明在生物学和思想方面差异的大小。尼采曾评论道:"人们使用同样的词语是不足以理解彼此的;还必须将同样的词语用于同样类型的内在体验;最终,人们必须拥有共同的经验。"[1]

巴塔耶的人生和作品就是对这种不可企及的共同性的探索,最终使人不断想起巴塔耶所谓的由不属于任何共同体的人组成的共同体,共同体(communitg)这个词承认了

---

[1] Friedrich Nietzsche, *Beyond Good and Evil*, trans. Walter Kaufmann (New York, 1966), § 268.

承认的不可能。[1] 他最亲近的朋友们——包括米歇尔·莱里斯、安德烈·马松、科莱特·佩尼奥（Colette Peignot）、帕特里克·沃登伯格（Patrick Waldberg）、莫里斯·布朗肖、勒内·夏尔（René Char）、迪奥尼·马斯科洛（Dionys Mascolo）和罗贝尔·安泰尔姆（Robert Antelme）——共同体验了这种没有希望的追寻，这种向不可能性开放的经验。

巴塔耶被人理解了吗？随着《全集》在1970年出版，他战前的作品得以挽救，幸而没有湮没在上一辈人的记忆中。这些作品以及后来的书——甚至那些以笔名出版的书——与几千页笔记和从未完成的手稿被编辑在一起。新的手稿不断公之于世，这对论文资料供应商来说是非常高兴的事情，虽然巴塔耶是位远离学术的作家。

如今，他所有的书都已翻译成英文，尽管其中一些无法再次付梓。他很多文章的译文还有待于汇编成卷；而且比较遗憾的是，他很多重要的作品急需重译。[2] 尽管如此，初步的消化吸收工作已经完成。

但是，巴塔耶被理解了吗？同样的问题依然存在。从下

---

[1] *OC* 5, 483.

[2] 例如，《内在体验》目前所能看到的译本充斥着或大或小的错误和曲解。

文的内容来看，答案当然是还没有。当代文学未能充分汲取巴塔耶的教益。事实上，小说传统在经历了"新小说"——已经过去了50年的时间——之后又回到了再现主义这一熟悉的套路，似乎巴塔耶的作品以及大多数20世纪的文学从未存在过。更糟糕的是，哲学家们仍经常将巴塔耶解读为哲学家；艺术史家认为他是艺术史家；小说家则视其为小说家。他们只能从貌似产生孤立概念的材料中选择概念。巴塔耶思想的根基是抵制专业分工，拒绝运用概念，这些解读策略对其思想是致命的。也许我们永远无法逃离"同一"的诱惑：同一学科、机构、限制等。然而，根据巴塔耶的观点（福柯也是如此），我们必须指出这些限制为我们提供了表达自由的无限领域。

《批评》——目前由菲利普·罗歇（Philippe Roger）担任主编——最近举办了60周年庆典。这传达出一个信号，说明在很多方面巴塔耶的未来刚刚开始。本书希望将巴塔耶的文字重新定位于他的时代，重新关联于他的人生，使我们有可能按照巴塔耶写作的方式去阅读他，即作为一个经验领域去阅读。

第一章 遗 弃

1913年,乔治·巴塔耶15岁时,他的父亲发了疯。[1]约瑟夫－阿里斯蒂德·巴塔耶(Joseph-Aristide Bataille)当时患有梅毒。梅毒病是很久以前感染上的,也许在他放弃医学研究之前,但肯定早于他把全家从多姆火山区的比隆镇(巴塔耶于1897年出生于此)迁至他们现在居住的兰斯。约瑟夫－阿里斯蒂德在巴塔耶出生前已失明,之后又瘫痪了十年多。疾病的后果令人伤心,却是无法避免的。

约瑟夫－阿里斯蒂德终日与一张椅子为伴,骨瘦如

---

[1] 所有巴塔耶的读者都应感谢米歇尔·叙丽娅(Michel Surya)的开创性论著《乔治·巴塔耶,作品之死》(*Georges Bataille, la mort à l'oeuvre*)(Paris, 1987)[英文本为《乔治·巴塔耶:一部思想的传记》(*Georges Bataille: An Intellectual Biography*)(London, 2002)],贝恩德·马托伊斯(Bernd Mattheus)的《乔治·巴塔耶,死亡之学》(*Georges Bataille, eine Thanatographie*)(Munich, 1984—1988),以及玛丽娜·加莱蒂(Marina Galetti)在巴塔耶七星文库版《小说和故事》(*Romans et Récits*)(Paris, 2004)中编写的巴塔耶年表。作者在此也应感谢他们的巨大贡献。

柴，蹒跚挪步时极为痛苦。数十年后，巴塔耶仍然记得父亲"凹陷的双眼、像饿鸟的长鼻、痛苦的尖叫、有气无力的笑声。"[1] 他还记得这个老人的身体如何一步步每况愈下，虽然他想帮帮他：

> 让我更难受的是看见父亲很多次大便的情形……他从床上下来（这时我会上前帮把手），然后坐上夜壶，这个过程极其艰难，他身上穿着长睡衣，通常还戴着棉睡帽（留着灰白杂乱的八角胡、很大的鹰钩鼻、空洞的双眼茫然呆滞）。有时，"电击似的剧痛"让他如野兽般嗷叫，伸出一条弯着的腿，徒劳地想用双臂抱住。[2]

对巴塔耶而言，早年这幕排便的场景也在约瑟夫-阿里斯蒂德"撒尿时的眼神"中有所反映、回响和延伸：

> 因为他什么也看不见，他的瞳孔经常向上呆滞地望去……他的眼睛空洞巨大，占据了鼻子两侧。撒尿

---

[1] *OC* 5, 257; *Guilty* 22.
[2] *Romans* 364; *Story of the Eye* 99.

第一章 遗弃

时，巨大的双眼几乎神色全无，一副令人目瞪口呆的表情。在只有他能看见的世界中，能让他略带嘲讽且恍惚发笑的世界中，这是一种放任、僭越的表情，令人目瞪口呆。[1]

我们可以想象这个男孩帮助一位痛苦的病人时的情景。年少的巴塔耶爱自己的父亲，但成人后他发现这种爱并不自然：从最近研究的心理分析的角度思考，他认为多数男孩爱的是母亲。[2]但巴塔耶的确爱父亲，至少早年是这样的，即便当时父亲的身体每况愈下。

然而在当时以及之后的时间里，巴塔耶一直受到恐怖的、反复出现的梦和记忆的困扰，其中有父亲的"快乐"，还有他家位于兰斯市法布赫-塞艾斯大街65号那幢房子的酒窖。（需要注意的是，兰斯是以酒窖闻名的城市：一座香槟之都。）巴塔耶在一些场合提到过这个场景，但语焉不详：哪一部分是他年少时的梦中遭遇，而哪一部分是来自记忆，无论是对年少时的记忆，还是来自年少时的记忆，抑或是最

[1] *Romans* 104; *Story of the Eye* 93.
[2] *Romans* 104; *Story of the Eye* 93.

近的回忆。在巴塔耶的生活和写作中,虚构不断在事实之上展开;确定无疑的真相却飘忽不定。

> 我记得手里拿着蜡烛,与父亲一起下到酒窖。梦见一只拿着烛台的熊。孩提时代恐怖的蜘蛛等,使我回忆起曾坐在父亲的腿上,裤子被脱了下来。一种在极恐怖和极壮观之间的摇摆不定。我看见他带着苦涩盲目的笑容,张开污秽的双手放在我身上……我差不多三岁的样子,赤身坐在父亲腿上,阴茎充血,如同太阳……父亲用手打我,而我看见了太阳。[1]

在另一则文字中,父亲成了挂着铃铛和彩色缎带的熊,手中举着蜡烛。酒窖的楼梯显然很陡;黑暗和潮湿令人心惊胆战;一座有蜘蛛和老鼠的房子。巴塔耶由这些记忆联想起7月14日——法国国庆日——的烟花表演和庆祝活动。[2]

但究竟发生了什么呢?乔治·巴塔耶的身体受到了父亲的虐待?一次?还是经常?如果的确发生过,那么他对此侵

---

[1] *OC* 2, 10; *Visions of Excess* 4.
[2] *OC* 5, 555.

第一章 遗弃

害作何反应？这样的事情在他的作品中扮演了什么角色？终其一生，巴塔耶既痴迷于可怕的性犯罪者（如恋童癖患者吉尔·德·莱斯 [Gilles de Rais]），也同样痴迷于遭受上帝蹂躏的圣徒。巴塔耶自己的色情想象——即产生了《眼睛的故事》（*Histoire de l'oeil*）这部可能是 20 世纪最伟大的色情小说的想象——最终会诉诸性侵和亢奋这二者的叛逆性融合。但刻写于这种虐待叙述中的屈服逻辑依然模棱两可。一方面，侵害者显然是个怪物，一个放任自己原始欲望的怪物，而遭受侵害的少年明显受到了虐待。另一方面，侵害者显然可怜而虚弱，少年则陷入其不能理解的快乐，不能自拔。

那么还是要问到底发生了什么？现有的证据并不充分，而且其中虚构内容太多，并不足以给约瑟夫－阿里斯蒂德定罪。况且，所定之罪可能只是可怕的屏隔回忆（screen memory）而已。20 世纪 40 年代，这些事情过去将近四十年之后，巴塔耶回忆父亲当时攀爬酒窖楼梯时非常吃力。而且在另一份记述中，巴塔耶回忆父亲一天从外面度假归来后对他表示了"同样的关爱"。[1] 尽管——或许因为——巴塔耶在回忆中一再提起并不断重复父亲的关爱，但他在意义含混

---

[1] *OC* 2, 10; *Visions of Excess* 4.

的悲剧小说中隐藏了令人痛苦的情感。

1912年,巴塔耶突然辍学。那时他15岁,从来就不是个好学生。他很容易走神,同学也和他过不去。他不怎么写作业,笔记本里都是乱写乱画的涂鸦;不停地涂改线条、图形和滑稽的轮廓。有一次,他整堂课都在用钢笔给一名同学的衬衫上色。[1] 13岁时,他问一个同学他们之中谁读书最为懒惰。答案是他。可如果是全校呢?还是巴塔耶。[2] 他声称自己"1913年1月差点被学校开除"。[3] "很长一段时间我都饱受厌学的痛苦。"[4](多年之后的20世纪30年代,在亚历山大·科耶夫讲授黑格尔《精神现象学》的课堂上,他还打了瞌睡。[5])

他终日独自四处游荡,骑车穿梭在长满葡萄的山林之中,感到之前对父亲的感情已悄然变为"深深的、无意识的憎恨"。[6] 他从未在任何地方解释如何以及为何发生了这样

---

[1] *OC* 1, 252; *The Cradle of Humanity* 41.

[2] *OC* 5, 210; *The Unfinished System of Nonknowledge* 89.

[3] *OC* 7, 459.

[4] *OC* 5, 210; *The Unfinished System of Nonknowledge* 89.

[5] 参见 Raymond Queneau, "Premières Confrontations avec Hegel", *Critique*, 195—196 (August- Semtember 1963)。

[6] *Romans* 105; *Story of the Eye* 94.

第一章 遗 弃

的变化。

就是那个春天,他的父亲发了疯。巴塔耶的哥哥马夏尔(Martial)当时已搬到外面居住,因此他的母亲玛丽-安托瓦妮特·巴塔耶(Marie-Antoinette Bataille)派他去请医生。他很快就回来了。医生当然对这个精神错乱的病人也束手无策,而巴塔耶的父亲的确已无药可医。医生刚跨进隔壁房间,约瑟夫-阿里斯蒂德就在其身后高喊:"大夫,你跟我老婆上床完事儿后,告诉我一声!"[1]

这句莫名其妙的话刺痛了他的儿子。多年之后,巴塔耶写道:"对我来说,那句话,瞬间消解了严格的家庭教育所带来的意志消沉,无意中我突然产生了某种坚定的责任感:我在任何环境中,必须找到与那句话对应的东西。"[2] 那句话带有巴塔耶整个思想和风格中富于感染力的污点:这使得一个瞬间与一个持久坚定的责任之间,一个无意碰到的偶然事件与一件必行之事之间产生了鲜明的对比;更重要的是,这是通过逻辑和视角的极端倒置发挥作用的(严格的家庭教育中,什么是令人意志消沉的?)。一切都从此开始。

---

[1] *Romans* 105; *Story of the Eye* 94.

[2] *Romans* 105; *Story of the Eye* 94.

约瑟夫-阿里斯蒂德的疯狂控诉撕下了少年巴塔耶的面具,撕下了仁义道德的面具,撕下了父母和医生脸上的面具;这些象征规范和权威的脸面,受人尊敬和爱戴的脸面。这句令人作呕的话打开了一个无限自由的世界。从此之后,巴塔耶终其一生的必行之事,或曰他的职责,就是在所有情境中寻找那句话的对应之物:不仅在所有的故事和情色艳遇中,而且在所有的行为、所有的经历、所有的词语、所有的思想之中。原先高不可攀之物被拉下神坛,而原先为人不齿的东西被奉若神明。如此误置滑脱成了所有经验的特征。他以类似的僭越、贬损和倒置看待生命中的一切:无尽的不合常规、不停的反转颠覆;不断重复破坏律法的法则。

多年之后,巴塔耶在回忆中谈起他在青少年时代就意识到自己要致力于建立一种自相矛盾的哲学,并将这种哲学付诸文学创作。[1]这个目标是陀思妥耶夫斯基式的——陀思妥耶夫斯基的"地下人"就是一个"自相矛盾的人"[2]——因此也可能是不合时宜的,因为巴塔耶是后来才发现陀思妥耶夫斯基的,而其思想根源是自己父亲的话语。巴塔耶反复

---

[1] *OC* 7, 459.

[2] Fyodor Dostoevsky, *Notes from Underground*, trans. Richard Pevear and Larissa Volokhonsky (New York, 1993), p.130.

第一章 遗弃

回想父亲失明的痛苦、有气无力的笑声和痛苦的嗷叫，他承认："我想我愿意成为他那样的人！我如何才能不去质疑这显而易见的忧郁呢？"[1] 这个年轻人一度憎恨他曾经热爱的父亲，此时又开始认同父亲，甚至认同他的堕落。

第二年 10 月，巴塔耶返回了学校，这所男童学校在兰斯以南 26 公里，位于马恩河畔的埃佩尔奈，这回巴塔耶成了寄宿生。一年之内，他已经完成了高中毕业会考的第一部分，通过了所有罗曼斯语言考试，但没有一门成绩是优等。在学校的新朋友保罗·勒克莱尔（Paul Leclerc）唤起了巴塔耶对于天主教的兴趣。对此，巴塔耶的父母都无法相信：他的父亲没有宗教信仰，母亲也不感兴趣。[2] 保罗·勒克莱尔不仅是个"狂热的天主教徒"，而且与兰斯圣母院的吕松（Luçon）红衣主教交往很多。[3]

那个夏天，也就是 1914 年夏天，巴塔耶在这座教堂参加了弥撒晨课。这不是一个普通的夏天。历史上最为血腥的一场战争正渐行渐近，无法避免。巴塔耶的哥哥马夏尔已于 7 月应征入伍。在吕松主教的弥撒晨课上，教堂里挤满了"准

---

[1] *OC* 5, 257; *Guilty* 22.

[2] *Romans* 364; *Story of the Eye* 99.

[3] 参见 *Lettres* 12。

备从容赴死"的士兵。[1] 巴塔耶后来说自己在 1914 年 8 月接受了洗礼，即战争爆发的那个月。[2]

兰斯立刻成了一个被包围的城市："它好像处于殉难的前夜。"[3] 这句话出自巴塔耶出版的第一部作品。他应朋友邀约写了一本小册子，纪念这座教堂，小册套用了教堂名——《兰斯圣母院》。之后，这个概念反复出现在他的作品中，即在战争中理解生命。[4] 24 年后，在另一场战争中，巴塔耶创作了《有罪》（*Le Coupable*）（*Guilty*），当时德国攻占巴黎，他被迫逃往出生的地方。在《有罪》中，巴塔耶再次提到了"圣徒的生活"。[5] 对于巴塔耶而言，战争预示着世界末日、人类难以想象的痛苦：与革命和宗教狂热一样，他认为战争为人类的想象力提供了最强烈的刺激。[6]

9 月 5 日到 12 日的这个星期，德国的轰炸摧毁了这座城市的很多地方，也几乎毁掉了这座教堂。大多数窗户被炸飞，部分砖石建筑已垮塌，成了一堆破碎不堪的石块。城市

---

[1] *OC* 1, 612.

[2] *OC* 7, 459.

[3] *OC* 1, 612.

[4] 参见 *Lettres* 21。

[5] *OC* 5, 291; *Guilty* 53.

[6] *OC* 2, 392.

第一章 遗 弃

被占领后,德国人又将教堂付之一炬,但教堂并未完全倒塌。"今天,她在满目疮痍中站立着,残缺不全,"巴塔耶于1918年写道。[1]

巴塔耶和母亲跟着城里的大多数居民一起逃走了。他这样描述当时的场景:"逃亡者的车队在侵略者的追击下前行着,他们遭受的痛苦真是一出人间惨剧;一辆接一辆的马车上堆满了家具,而一家一家的人就栖身于家具堆上;一路上,可怜的人们肩挑背扛,穷困潦倒的惨相,如同绝望之人。"[2] 约瑟夫-阿里斯蒂德·巴塔耶因病重而无法逃走,难民们把他交给管家照顾。

帕斯卡尔的故乡——克莱蒙费朗——向南是里翁埃蒙塔盖,这里有一个中世纪的山村。母子二人与巴塔耶的外祖父母——安托万·图纳德尔(Antoine Tournadre)和安妮·图纳德尔(Anne Tournadre)——生活在一起,避开战乱的威胁。他们偶尔收到约瑟夫-阿里斯蒂德寄来的书信,信中他声嘶力竭,被当年就要降临的死亡痛苦地折磨着。儿子希望回到病重的父亲身边。他哀求母亲返回兰斯,但被拒绝了。

---

[1]　*OC* 1, 612.

[2]　*OC* 1, 613.

兰斯大教堂，1914年毁于德军炮击。

即便德国人被赶出这座城市后，她也决意不再回去。巴塔耶对父亲的思念与日俱增。在里翁埃蒙塔盖狭窄拥挤、极其古老的灰石砌成的圣乔治教堂，他连续祷告数个小时，或者在乡野和周边的村庄游荡。他曾想过蒙受上帝的感召，出家当个僧侣。

第一章 遗 弃

1915 年,巴塔耶的母亲突然间意志消沉、痛不欲生,这种状态间持续了几个月的时间。把失明瘫痪的丈夫遗弃在了一个遭受战争蹂躏的城市,几乎使他必死无疑,良心的谴责与灾祸降临的念头一直折磨着她。巴塔耶尝试猛地扭动她的手腕,希望能帮她恢复神智。母子二人的关系变得越发紧张,他将房间里一对沉重的烛台搬了出去,担心她会在自己熟睡时下毒手。有一次,母亲不知去向,人们找到她时,她正在阁楼上吊,勒着绳子挣扎,绳子不够紧,没死成。一天夜里,她要在一条小溪里淹死自己,但水太浅了。巴塔耶找到母亲时,她"腰带以下都湿透了,裙子滴着溪水"。[1]

秋天来临,经过当地医生和家族世交朱尔斯·德尔泰伊(Jules Delteil)的诊治,玛丽的神智逐渐恢复正常,答应儿子回去探望父亲。当全家得到了约瑟夫-阿里斯蒂德病入膏肓的消息,且确定无疑时,玛丽这才同意回到丈夫身边。但为时已晚。约瑟夫-阿里斯蒂德·巴塔耶死于 1915 年 10 月 6 日,当时只有管家在旁,可以说是在孤苦伶仃中死去的。他甚至拒绝请牧师前来。在巴塔耶的心中,他那个失明、瘫

---

[1] *Romans* 106; *Story of the Eye* 95.

痪、患有梅毒、表情痛苦的父亲孤独地死去了,但不仅是孤独,更是在最需要的时候被妻子和儿子所抛弃。他们赶到后,安葬了他。

孤独和遗弃对乔治·巴塔耶而言就是生命的真相,也是死亡的真相。在巴塔耶看来,人并不是被抛入这个世界,而是被遗弃于其中。而这里的孤独与战争的痛苦是难以区分的。多年之后,巴塔耶在《有罪》中反复思考自己的孤独感:"一阵受伤的哭喊!我陷入自己的孤独而失去了听觉,孤独的喧嚣比战争还要强烈。即使痛苦的哭喊对我也是枉然皆空。我的孤独是一个帝国,拼命去占有:这是一个被遗忘的星球——酒精和知识。"[1] 尽管时光流逝,我们依然能在这个受伤的哭喊中听到巴塔耶垂死的父亲的哀号求助,一个被遗弃者在孤独中奄奄一息,发出的喊叫无人理会。孤独的帝国也是帕斯卡尔的帝国:在此帝国中,一个人的可悲源自其不能孤独自守,而遁入知识和酒精的享乐之中。[2] 巴塔耶的整个一生就是在逃离孤独,既逃离他与世人隔绝的孤独——逃入他们的集体、社群、怀抱——也逃离他作为人群中单独

---

[1] *OC* 5, 301; *Guilty* 61. See also, for example, *Lettres* 15.

[2] Blaise Pascal, *Pensées* (London, 1966). § 136.

个体的孤独，即逃离不能自足的人类的本体孤独。巴塔耶的著述记录了人类懂得社群的界限，又无法孤独自守。这是一种自相矛盾着的困境。

第二章　尝试逃避

父亲去世后，巴塔耶更加笃信宗教，从中寻求庇护。多年以后，他声称："我的虔诚只是为了逃避：为了逃脱命运，我宁愿付出任何代价，我曾遗弃了自己的父亲。如今，我知道自己也'瞎了'，且不可理喻，我如同父亲一样是一个被'遗弃'在这个星球上的人。"[1]

随着战争的持续，以及战争刚结束的几年，巴塔耶的生活完全被宗教活动所占据，他渴望神的召唤。特别是巴塔耶渴望获得修道院的召唤，但没有任何结果。他希望应召前往修道院，而不太愿意当牧师。牧师的生活是一种公共生活，一种身处教堂管治下的教区的生活，而僧侣则是一种孤独的生活，与世隔绝，远离尘嚣。[2]

---

[1]　*Romans* 365; *Story of the Eye* 101.
[2]　*Lettres* 14.

讽刺的是，结果事与愿违，巴塔耶于 1916 年 1 月应征进入步兵一五四团。和之前入伍的哥哥一样，他在雷恩接受了基本的军事训练。但几乎刚到雷恩，他就得了肺病，大部分时间都病怏怏地躺在医院的病床上。他从未上过前线。这段时间，明显能够看到他未来的一些征兆。巴塔耶病后再也没能康复：从此之后，他一直身体孱弱，只能在疯狂地挣扎间歇获得一些喘息。巴塔耶一而再，再而三地深入体认到尼采式的感激，一种康复中的病人的感激，为重获健康而欢欣鼓舞。[1] 长期反复的疾病提醒他人类是虚弱的，是有血有肉的动物。疾病缠身使巴塔耶一生无所事事，因此难以参与社会实践。巴塔耶后来将自己的存在描述为"无所助益和消极负面"的人生，这并不奇怪。[2]

第一次世界大战中，他实际上置身事外，困于部队医院之中，这影响了巴塔耶日后对于战争的反思。此情境中，有关战争的思考很容易占据全部个人经验领域。崇高的理想以及社会政治动因都显得那么空洞；只剩下关于战事的个人生活。

---

[1] Friedrich Nietzsche, *The Gay Science* (New York, 1974), § 1.
[2] *OC* 5, 369; *Guilty* 123.

第二章 尝试逃避

> 我的生活以及我身边士兵的生活似乎笼罩在某种世界末日之中，感觉很遥远，但同时就在医院病床中间。在这种氛围中，权利和正义都成了无力的词语，只有战争意味着一切，令人心情沉重、茫然愚钝，是的，只有战争，如此嗜血，如同高高在上的恺撒。在那段时光的阴影中，我不断寻找：我只发现了一个死寂的夜晚，无人在场的空寂，痛苦的哭声。[1]

巴塔耶坚持记录自己对战争的反思，为笔记本取名为"圣母恺撒"。

经过这无所事事的一年，他终于出院，回到了里翁埃蒙塔盖，继续一个虔诚天主教徒的生活。乔治·德尔泰伊（Georges Delteil）是两年前为巴塔耶的母亲诊治过的医生的儿子，在那些年以及后来的岁月中也是巴塔耶的好友。德尔泰伊用文字记录了巴塔耶对母亲的悉心照料，以及对自己宗教信仰的虔诚："20岁时，在我们的奥弗涅山区，他过着圣徒的生活，恪守工作和冥想的作息时间。"[2] 一天晚上，巴

---

[1] *OC* 7, 524.

[2] 参见 Georges Delteil, "Georges Bataille à Riom-ès-Montagnes", *Critique*, 195—196 (August- Semtember 1963)。

塔耶在祷告时过于投入，甚至没有听见看守给小教堂几扇沉重的大门上锁的声音。

毫无疑问，德尔泰伊提到的"恪守工作作息"指的是巴塔耶重启了学术研究工作。在附近圣弗卢尔修道院教师的帮助下，让·沙唐（Jean Chastang）教授哲学，乔治·鲁希（Georges Rouchy）教授历史和德文，巴塔耶通过了高中毕业会考的第二门考试，即哲学科目，这次仍未获得优等成绩。巴塔耶真正接收哲学教育是1923年在巴黎遇到列夫·舍斯托夫之后才开始的。这时，他"忙碌地获取绿皮课本中的基本知识"。[1] 他明显读过尼采所著《查拉图斯特拉如是说》（*Zarathustra*）中的一些片段，但没有留下多少印象。

他还回归了"以前的嗜好"：写作。入伍服役之前，巴塔耶曾以自由体草草写了一首有关兰斯圣母院的诗。现在，他又动笔写一首关于耶路撒冷的诗。这将是一首十字军东征题材的诗，富有灵感。"对我而言，只有基督徒的生活才是真实的，"他在给朋友让-加布里埃尔·瓦舍龙（Jean-Gabriel Vacheron）的信中如此写道。[2] 那年的晚些时候，瓦舍龙鼓

---

[1] *OC* 6, 416.

[2] *Lettres* 8.

第二章 尝试逃避

励巴塔耶写一篇有关兰斯圣母院的散文,文章后来在圣弗卢尔刊印制作成鼓舞爱国思想的宣传册,供"上奥维涅地区的青年"阅读。[1] 这些早期的作品中,只有最后提到的这篇流传至今。

在巴塔耶写给瓦舍龙的信中,可以看到这个年轻人内心受到矛盾欲望的撕扯。1918年1月10日,他坦言道:

> 我希望实现一种温暖理想的家庭生活——当然是基督徒式的——但依然充满了尘世的快乐,那种典型的、诚实的快乐。另一方面,同样确定无疑的是,我愿意侍奉上帝,不是通过足够频繁和虔诚的行动,而是贡献我的整个生命——我的全部意志……我现在明白,如果上帝有此要求,我会放弃一切,但我不知道单凭自己如何做出这个决定……我内心有一种强烈的愉悦感,它超越了我,将我击碎——我随时准备为上帝牺牲一切,这是件快乐的事情。[2]

---

[1] 参见 *Lettres* 21. "Notre Dame des Rheims" (1918) in *OC* 1, 611—616. 关于这点的延伸讨论,见丹尼斯·奥利耶(Denis Hollier)*Against Architecture* [1974], trans. Betsy Wing (Cambridge, 1989)。

[2] *Lettres* 10.

巴塔耶提出的"温暖理想的家庭生活"并非什么模糊抽象的愿望。他心中有具体的对象：玛丽·德尔泰伊，朋友乔治的妹妹，也就是为巴塔耶母亲诊治的医生的女儿。玛丽显然既符合巴塔耶的情感需求，也契合他的宗教理想：她想成为一名修女。在写给瓦舍龙的前一封信中，巴塔耶承认自己"不断梦见"玛丽，暗指某种他所谓"旧时嗜好"的举动，也即自虐。[1] 由于他们的宗教信仰总是举棋不定，悬而不决，二人之间的追求恋爱一直持续到1919年底。

但最重要的是，巴塔耶渴望经历某种信仰的感召。他于1914年改变了宗教信仰，1917年在勒克尔（Lecoeur）阁下位于圣弗卢尔的私人教堂又领受了坚信礼，但他仍然渴望更加纯粹的宗教情感和目标。他提出要在修道院出家，但将时间往后推迟了，声称（也许是肺腑之言）自己不能丢下母亲不管。（他之前遗弃过自己的父亲，再也无法忍受遗弃至亲的痛苦。）

在瓦舍龙的引荐下，他结识了圣弗卢尔的一名教士（日后图卢兹的大主教）朱尔斯·萨利埃热（Jules Saliège），以及另一位圣弗卢尔主修道院的教士欧仁·泰龙（Eugène

---

[1] *Lettres* 8.

第二章 尝试逃避

Théron）。1918年6月，在萨利埃热的建议下，巴塔耶在多尔多涅的耶稣会修道院用了一周时间作基督徒的默祷。他向瓦舍龙诉说道："我在拉巴尔德度过了忙碌、兴奋、心潮澎湃的五天：我坚信自己并未得到神的召唤，因此平静地离开了。"[1] 他的虔诚，他对神召的渴望，他的默祷并未因此而终结，但是此事促使他将精力转向别处，寻找其他职业。

巴塔耶从小到大并未参与宗教活动，最初是因为好友的鼓励才皈依宗教信仰，日后他投身学术和个人的激情之中也是出于同样的原因。巴塔耶笃信宗教的那段时间恰逢战争，也正是他父母极度痛苦的时候：父亲发疯后被遗弃，母亲则极度消沉。也许最重要的是，巴塔耶的基督信仰所相信的是等待，而非践行；一种渴望神召的信仰，而非对基督教思想和实践的坚定信仰；简言之，这是一个有意信仰者的信仰，而非某个冷静坚定的信仰者的信仰。最终，这是一种剧烈的渴望，这种渴望在那些年中或多或少地消耗着巴塔耶的生命，驱使他在修道院度过时光，而这种渴望也为他徐徐展开的文学生涯提供了滋养。尽管巴塔耶的基督信仰最终半途而废，但在其思想意识中确立了很多最基本的形态和话

---

[1] *Lettres* 19.

语,并在日后用于理解人类的境遇:无穷的力量及其缺失;在一个痛苦的世界中抛弃人性;欲望的真相及其与物质世界的关系。

巴塔耶未能在内心发现宗教的召唤,于是将重心从当下的教会转向对其历史的研究,即研究中世纪教会权力鼎盛时期的历史。1918年11月,巴塔耶进入巴黎的文献学院(École des Chartes),成为一名古字体研究者和图书馆管理员。他曾经是一个对学习没有兴趣的平庸学生,现在却全身心投入其中,在班上经常居于前列,甚至独占鳌头。

第一年,他住在波拿巴特街65号,圣许毕斯广场旁狭小的学生公寓里。第二年,他的母亲和哥哥来到巴黎与他同住,在雷恩街85号租了一套大些的公寓。在那里,他断断续续住了八年,结婚后才离开。

巴塔耶的研究并非纯粹是学术性的。这些研究是其基督教思想和实践的延伸,延续了他对塑造了人类行为的社会、道德和政治力量的思考,尤其是在战争和爱情这样的极端环境中。对这位中世纪研究者而言,这些环境可用"骑士精神"这一术语加以概括。受莱昂·戈蒂埃(Léon Gautier)《论骑士精神》(*La Chevalerie*)一书的启发,巴塔耶整理出了《骑士行为规范》(*L'Ordre de chevalerie*),作为他的毕业课题。

第二章　尝试逃避

这是一首 13 世纪的训诫诗，作者不详，内容有关信仰基督教的骑士的行为规范。这首诗认为骑士在世俗世界可与神职人员相提并论，同样受到上帝感召和道德结构的规约。对巴塔耶而言，骑士的生活能够——根据他的判断，事实也是如此——与圣徒的生活媲美。[1]

为了这个课题，他忙活了几年时间，甚至为此于 1920 年前往伦敦进行研究，其中原因也不难看出。因为巴塔耶最近在写作和生活中碰到了神学和道德问题，而这首诗都提供了相关的历史表述。虽然没有上帝的召唤，但巴塔耶在宗教之外仍继续恪守基督徒的行为规范。骑士精神则为这种行为规范提供了一种范式。

30 年后，巴塔耶在《批评》杂志发表的长篇书评中又再次回归这些问题。[2] 经过这些年，他已经放弃了宗教信仰，但仍能直言不讳地讨论这个话题。日耳曼勇士们大多孔武有力，在逐渐规范的世界中打开了一个不受制约的武力和性的暴力空间，他认为骑士精神能迫使这些勇士接受一种道德秩序。骑士法则延伸了宗教的规范，通过限制暴力的社

---

[1] "L'Ordre de chevalerie"，参见 *OC* 1, 99—102。

[2] "La Littérature française du Moyen Âge, la morale chevaleresque et la passion", *Critique*, 38（July 1949），pp.585—601; 重印于 *OC* 11, 518。

会形式、功能和表现而净化了这种暴力。因此，骑士精神表现了不同文化之间的冲突：军事文化与宗教文化，日耳曼文化与地中海文化；最重要的是，黑暗时代的文化与新兴的后中世纪欧洲文化。从巴塔耶的观点和著述中，可以看出吉尔·德·莱斯的行径和罪行表现了黑暗时代终结前的回光返照：他是一个肆无忌惮的家伙，最后一个真正的游侠骑士。新骑士的出现——一副愁苦的表情——以戏仿的方式标志着这个时代确已终结，标志着一种新形式的（不悦）意识和表达的诞生，即现代小说。

巴塔耶完成论文40年后，在生命的终点，他的《吉尔·德·莱斯的审判》（*Le Procés de Gilles de Rais*）可被解读为其早期作品的阴暗复本，是其最初动力的恐怖反转。巴塔耶最初的那些关怀在此都走向了反面，他在书中对这些逆转逐一歌颂。这并不是说，这个年轻人不再与激情狂乱的威胁（甚至要求）缠斗。实际上，这样的情绪从未远离他的精神世界。

作为同学和邻居，安德烈·马松（不是那位同名画家）在巴塔耶去世后写的一篇纪念文章中，提到1919年巴塔耶的那本床头读物是里米·德·古尔蒙（Remy de Gourmont）的《拉丁文的神秘主义》（*Le Latin mystique*）：以节选和德·古

第二章 尝试逃避

尔蒙的摘要的形式,记录了从罗马帝国的终结到中世纪末这一千年中拉丁文教会诗歌的历史。这本汇编展现了这类作品的多样性、其所不断经历的变化,同时也反映了主题和内容稳定不变的一面,主要有关于中世纪思想执迷于肉体的负担及其最终堕落。

巴塔耶与玛丽·德尔泰伊的圣洁爱情在1919年8月走到了终点。之前,他离开了学校一年时间,其间显然爱上了另一个女人。但是,他仍然找到了玛丽的父亲——朱尔斯·德尔泰伊医生,要求将玛丽嫁给自己,似乎是要履行自己对她和她的家庭的责任。因为曾诊治过巴塔耶的母亲,了解巴塔耶家庭的病史,德尔泰伊医生拒绝了他的求婚。一个感染梅毒的疯人的儿子"与别人相比生下不健康孩子的可能性更大",巴塔耶在写给自己的表亲玛丽-路易斯(Marie-Louise)的信中作了这番解释。在信中谈起这件事时,巴塔耶的语调极度绝望。巴塔耶说他想去死。作为一个真诚正派的年轻人,如果得不到玛丽家人的祝福,他是不能去追求她的。[1]

---

[1] *Lettres* 25.

在《眼睛的故事》中写到自己的父亲时,巴塔耶宣称"你的命运早已因为如此多的恐惧而注定"[1]。德尔泰伊医生的回绝恰恰应验了这样的命运,至少是其中的一部分。父亲的疾病决定了儿子生命中的这次重大转折。我们很容易想象巴塔耶此时必定经历着身体的病痛和对自己的厌恶,经历着软弱无力以及远离正常生活的强烈放逐感。三年后,在一封致友人的信中,他只说了自己只能默默地"在几个小时内"摆脱痛苦。[2] 在生命弥留之际,他告诉侄子米歇尔·巴塔耶,玛丽·德尔泰伊是他唯一梦想得到的女人。

此时的巴塔耶失望沮丧,逃离的渴望使他萌生了旅行的念头。这与1918年他进入拉巴尔德修道院的原因并无多大差别。实际上,这第一次旅行的目的地又是一座修道院,怀特岛上的采石修道院。其他行程也作了计划,至少有了想法(如去往远东),将在接下来几年中一个接一个完成。

采石修道院是为了收容索莱姆修道院的僧侣而于近期修建而成的,巴塔耶于1920年10月在这里度过了三天时光。1901年,涉及法国修道院僧侣的法律发生了重大变化,逼迫本笃会修道院的僧侣(如从索莱姆来到此地的那些僧侣)逃

---

[1] *Romans* 365; *Story of the Eye* 100.
[2] *Lettres* 55.

第二章 尝试逃避

离这个国家——如果他们还想过着远离周围世俗社会的隐居生活。此处号称有悠久的修道院历史,可上溯至中世纪,但采石修道院是那些法国本笃会修士们于1901年重建的,他们先是租下了几座建筑,后历经20年最终新建了一座修道院。1922年,即巴塔耶来访两年之后,法国的法律再次有变,允许修道院僧侣们回到法国。对于巴塔耶这个正挣扎于自己信仰深处的年轻人而言,采石修道院使他能够观察和体验到修道院是一个宗教避难和逃遁的场所:虽在世俗社会之外,却在迫害氛围的笼罩之下。

多年以后,在记述自己的这次修道院之行时,巴塔耶回忆起了一栋——

> 四周是松树的房屋,在柔和的月光之下,坐落在海边;月光使人联想起中世纪宗教仪式之美——令我对修道院生活怀有敌意的一切都消失了——在这里,我体验到的只有远离尘嚣的感觉。我想象自己置身于修道院的围墙之内,远离纷乱扰攘,一瞬间感觉自己成了僧侣,逃离了颠沛流离、散漫不羁的生活。[1]

---

[1]　*OC* 5, 72; *Inner Experience* 58.

尽管这段记忆颇为温馨,但在 20 世纪 50 年代后期应出版商要求所写的个人简介中,他声称自从去了采石修道院之后,就"草率地放弃了信仰","因为自己的天主教信仰令自己所爱的女人哭泣"。[1] 这个女人是谁?玛丽·德尔泰伊还在他的梦中徘徊吗?还是某个新欢?我们不得而知。

此外,乔治·巴塔耶此时突然放弃信仰,这与他惯常的思维习惯并不吻合。巴塔耶不是一个浪漫多情之人,不大可能为了迎合女人的情感而改变自己的思想。实际上,他的信仰从最初开始就不太稳定。他在信仰中表现得激烈狂暴,就证明了这一点。他对宗教圣召的渴望多年未有回应,尽管他很虔诚,甚至他后来的无神论思想在很多方面正是对等待圣召未果的强烈回应。但这并不是说他对信仰的理解和谴责是不彻底的,这个说法基本不实。

巴塔耶访问采石修道院是在去伦敦的途中,去伦敦是为毕业论文作些调研。在伦敦期间,巴塔耶见到了当时著名的法国哲学家亨利·伯格森(Henri Bergson),地点是在双方共同的友人家中。为了这次见面,他阅读了自己所能找到的唯一一本伯格森的书《笑》(Le Rire)。巴塔耶后来写道,《笑》

---

[1] *OC* 7, 459; *My Mother* 217.

第二章 尝试逃避

这本书和伯格森这个人都令他失望。根据伯格森的描述，笑是一种人类共有的现象，表达一种无忧无虑的状态。笑并不发生在自然之中，它防止感情用事，预设人们都有共同的认知。但对于巴塔耶而言，笑打断了共性，击碎了思想的理性与冷漠，否定了人文主义理想。笑总是"掺杂着愉悦的感官享受"。伯格森的笑是轻松的喜剧；而巴塔耶的笑则无法抑制，让人窒息。巴塔耶后来回忆起他们的这次见面，指出了自己与这位哲学家的差异，承认即便在当时的人生阶段自己的"思想也是很极端的"。[1]

虽然巴塔耶对这位哲学家及其作品感到失望，但后来证明这是一次意义重大的会面。笑令人意外地成为"关键问题"。"起初，我大笑，我的生命（来自长期的、春天般易变的基督信仰）在笑声中消解。"[2] "在宇宙中大笑，解放了我的生命，"他在《有罪》中如此说道。[3] 在1953年一次题为"知识、笑声和眼泪"的讲座中，他说："就我所从事的哲学而言，我的哲学是笑的哲学……此哲学所关涉的仅仅是此等经

---

[1] *OC* 8, 562; *The Unfinished System of Nonknowledge* 153—154.

[2] *OC* 5, 80; *Inner Experience* 66.

[3] *OC* 5, 251; *Guilty* 16.

验所赋予我的那些问题。"[1]

巴塔耶强调笑的经验，这是值得我们注意的，但是我们不能因此将其全部思想和经验局限于笑的领域，即使就笑的本能冲动而言也非如此。笑体现了颠倒的经验：例如，他的父亲大叫"大夫，你跟我老婆上床完事儿后，告诉我一声！"在这样的时刻，人的尊严消失殆尽。曾经高高在上的东西，此时跌落下来。

尼采在一本有关笑的书《快乐的科学》(*gaya scienza*)中也宣告自己失去了信仰——也就是上帝之死。但尼采的笑展现的是一种阳光、感恩的天性，一种地中海的明媚；他的作品中回荡着贺拉斯的名言，即在笑声中言说严肃的真理。但是，巴塔耶在尼采的疯人口中重新发现了自己的笑声，这个疯人使巴塔耶想起了父亲，父亲时而痛苦尖叫，时而发出"有气无力的笑声"。[2] 这明显是一种误认、身份错误，甚至是一种反记忆。这就是谱系学的变迁。

---

[1] *OC* 8, 220; *The Unfinished System of Nonknowledge* 138.
[2] *OC* 5, 257; *Guilty* 22.

第三章 暴力和尊贵

1922年1月,巴塔耶顺利通过了论文答辩,表现出色,在班级中名列第二。他有幸进入马德里西班牙高等研究中心(这是一个位于马德里的法国中心,致力于高等科学和文化研究)继续他的档案研究工作。

1922年,巴塔耶在那里度过了六个月。在此期间,他编成了六本中世纪手稿的目录;从马德里旅行到了米兰达、巴利亚多里德、格拉纳达、托莱多和塞维利亚;形成了较为复杂的思考方法;至少写出了一部小说的部分内容;目睹了斗牛士曼努埃尔·格拉内罗(Manuel Granero)轰轰烈烈的死亡场面。在写给表妹玛丽-路易斯的信中,他逐一记述了自己的这些活动。在之后的一生中,在很多最重要的作品中,他继续以直接或间接的方式思考这些活动。

在写给玛丽-路易斯的信中,他说自己感受到了"一个充满暴力和尊贵的西班牙、一种愉快的预感"。[1] 尊贵一词出现在巴塔耶关于一位舞蹈家的谈话中,这个舞蹈家"看起来像一只黑豹,身体瘦削、娇小、紧张、充满激情"。他评论道:"这种情欲的动物比其他任何人更适合点燃床笫销魂之火。"[2] 这位昔日纯洁的天主教徒此时似乎已跨入新的欲望领地。确定无疑,西班牙的暴力所指的首先就是斗牛,斗牛成了巴塔耶一生的激情所在,从未稍有减退。

1922年5月17日,曼努埃尔·格拉内罗——一个20岁的斗牛士,公认为同辈中最优秀者——被公牛逼至围栏后遭牛角顶刺了三下。第三下刺穿了他的右眼,刺入头骨。24年后,巴塔耶在对此事件的描述中写道,"满场的人立刻起身,目瞪口呆,一片死寂;死亡戏剧般登场了,在节日的狂欢中,在光天化日之下,不知怎么的,显得那么明白无误,虽是意料之中,却难以忍受"。[3] 当格拉内罗的尸体被抬下场时,一只眼球已脱离了眼窝,晃动着。

巴塔耶从围栏后面目睹了这个事件,但新闻报道和图片

---

[1] *Lettres* 27.

[2] *Lettres* 28.

[3] George Bataille, "A propos de 'Pour qui sonne le glas?' d'Ernest Hemingway" (1945), in *OC* 11, 26. 也见于 *Romans* 35; *Story of the Eye* 64。

第三章 暴力和尊贵

清晰呈现了其中的细节。这将是对他一生具有决定意义的事件之一。从那时起，巴塔耶告诉我们他"开始明白苦痛常常是巨大快乐的秘密所在"。[1] 他几乎以相同的措辞两次写到这个公牛顶刺的场景，一次是在《眼睛的故事》中，另一次则是将近 20 年后在一篇有关欧内斯特·海明威所著《丧钟为谁鸣》的文章中。《眼睛的故事》中的"眼睛"正是格拉内罗的那只眼睛。但是，这个事件也使他对于公牛，对于献祭宰杀（如密特拉神崇拜中的宰杀）产生了极大兴趣，并延伸到他对于广义的牺牲和神圣的理解。"现代的斗牛，"他在一篇论神圣的文章中写道，"由于遵循一定仪式并具有悲剧色彩，表现了一种近似古代斗神祭的形式。"[2]

那年春天，巴塔耶开始以马塞尔·普鲁斯特的风格创作小说。"我真的不知道如何还有别的写法，"他在给表妹的信中这样写道。[3] 普鲁斯特的《追忆似水年华》当时只出版了前四卷。在一篇有关贝克特《莫洛依》(Molloy) 的文章中（1951 年发表于《批评》），巴塔耶一笔而过，提到了正值青

---

[1] George Bataille, 'A propos de "Pour qui sonne le glas?" d'Ernest Hemingway' (1945), in *OC* 11, 26.

[2] George Bataille, 'The Sacred' in *OC* 1, 559; *Visions of Excess* 243.

[3] *Lettres* 28.

年的他开始写的小说，内容有关一个被谋杀的流浪者。[1] 也许这是一部小说，也许不是。反正小说的文稿已经遗失。

这大概也不是巴塔耶第一次尝试写小说。受宗教思想感召写下的诗歌和散文曾是他青少年时代的"癖好"；《兰斯圣母院》(*Notre Dame de Rheims*) 就是其中一篇。三则短篇故事——"龙胆城堡的女主人""拉尔夫·韦伯""埃瓦里斯特"——从 20 世纪 20 年代早期保留至今。[2] 这些故事要么来自他的阅读，要么是亲身经历，或者兼而有之。但和他后来对法国文学所做贡献的深度和复杂程度相比，这三篇故事都是远不能相比的。因此，他之后从未提起这些故事，也就不足为奇了。

巴塔耶文学和学术训练所经历的时间以及鲜明的个人风格是非常重要的。经过十四年的岁月，《眼睛的故事》与他早期的文学风格已大相径庭。在这些年中，他创作了诗歌和短篇散文，开始了几部小说的创作，整理完成了一部重要的骑士诗篇的学术版本，翻译（如我们所见）了列夫·舍斯托夫的一部哲学著述，撰写了有关钱币学的学术文章和评论。

---

[1] *OC* 12, 86.

[2] 见于玛丽-路易斯·巴塔耶的论文，这些故事再版于 *Romans* 929—943。

第三章 暴力和尊贵

尽管颇有成就,但这些只能算作一位仍在成长中的学者的作品。

1922年6月,法国国家图书馆抛来了橄榄枝,提供了一个印刷资料部的职位,巴塔耶因此中断了在西班牙的行程。第二个月,他回到了巴黎,与母亲和哥哥一起住在雷恩大街85号的公寓。西班牙的见闻改变了他,但离开巴黎前开始的两段恋情自他返回后又得以延续,其中一人是科莱特·勒尼耶(Colette Renié),另一人是阿尔弗雷德·梅特罗,二人都是他在巴黎文献学院的同学。在写给科莱特·勒尼耶的信中,巴塔耶将他塑造成为一个乐观向上的道德楷模,而将自己描述得既意志消沉,又(首次,以后愈加)放荡不羁。这段短暂的书信往来——从1922年夏末至秋季只持续了数月时间——记录了二人关系的起伏变化、巴塔耶逐渐形成的个性及其崭露头角的文学和学术风格。

值得注意的是,这些信件内容肆意夸大,而写信人的情绪和意图反复无常。"突然,我把你的信放在桌上。但我情绪激动,颤抖了五分钟(这也许不完全是身体在抖动,但即使换个说法也同样需要强烈的措辞)才拆开这封信。"[1] 如

---

[1] *Lettres* 36.

此夸大其词成为他日后招徕争议的写作和思想风格的主要特征。

巴塔耶与科莱特通信，显然是为了从她那儿得到鼓励，为了保持与基督教道德世界的联系。自始至终，他告诉科莱特自己"很悲伤"，"厌倦一切，也讨厌自己"。[1] "生命已完全离我而去，"他说，"我再也无法忍受自己的苦闷。"[2] 他想过要自杀，但也没有说清楚为什么。有时，他燃起希望时会说："我已重获勇气，足以让我开始并不快乐的生活。"[3] 他将要开始的不快乐的生活也许指的是国家图书馆的新工作，或是基督教社会中刻板禁欲的生活。

尽管郁郁寡欢，但他还是承认自己"任性自负""冷酷无情"。[4] "你可能觉得我是个疯子，但请相信我，太糟糕了，这个世界上没有任何东西能让我改变自己，让我变得收敛。"[5] 他的情绪和自我评价非常极端，往往反复无常。前一封信中，他还意志消沉；下一封，他又勃然大怒。科莱特

---

[1] *Lettres* 32, 34.

[2] *Lettres* 43.

[3] *Lettres* 33.

[4] *Lettres* 32, 34, 35, 39.

[5] *Lettres* 34.

第三章 暴力和尊贵

总能安抚他。

她的友情"真好,像美丽的阳光"。[1]"我现在心情很好,但仅仅是因为你,"他说道,"因为你在信中对我太好了。"[2] 她会鼓励他,但显然对他在意的事情不以为然,委婉地责备他"异想天开",说他是个"笨拙的孩子""疯子"、愚蠢的人。[3] 对这些话,他是接受的,承认"我对任何事情都不太上心。"[4] 她能让他心情愉快些,但他还是消沉冷漠、神秘莫测。"对我来说,生活会一直比较艰难,"他说道。[5]

心情好的时候,他写道:

> 的确,我通常喜欢异想天开,迷恋其中,但我想如果这就是你想说的话,异想天开就不是多么严重的事儿。无论如何,我绝对无法理解"有时"一词,因为如果我疯狂的话(对此我并不否认),就会片刻不停。[6]

---

[1] *Lettres* 34.
[2] *Lettres* 45.
[3] *Lettres* 37, 39, 44, 54.
[4] *Lettres* 50.
[5] *Lettres* 46.
[6] *Lettres* 37.

后来，他彻底推翻了这个夸大其词、漫不经心的自我评价："当有人将我的激情四射或辞藻华丽归因于（或者我猜想有人将其归因于）疯癫时，我怒不可遏。"[1]

由此，巴塔耶承认他从父亲和母亲的疯癫中体验了"真正的"疯癫。在对科莱特讲述的故事中，他认为父亲患了疯病，都是因为"他们让他服下了吗啡"，而不是因为梅毒病。然而，他又接着讲述了自己向玛丽·德尔泰伊求婚，却遭到她父亲回绝，他很痛苦。如果不是因为约瑟夫 - 阿里斯蒂德·巴塔耶的梅毒病，他当时提亲肯定不会被拒绝。在谈到父母以及人类普遍的弱点时，他直言道："有时，一连串的事情会发生，令人伤心失望，一般的人可能因此发疯。"[2] 这封信，时而愤怒，时而平静，时而精确无误，时而感同身受，时而悲哀可怜。

随着二人之间的书信往来，巴塔耶与科莱特·勒尼耶的关系发生了戏剧性变化。最初，巴塔耶心情沮丧，渴望别人的鼓励，后来他感到科莱特可能会批评他，或有含沙射影之意，于是也对她挟有怨恨。"我感觉似乎我们说的不是同一

---

[1] *Lettres* 54.
[2] *Lettres* 54.

第三章 暴力和尊贵

种语言，就我所见，这是一个你宁可置身其外的世界。"[1] 在信件往来中，他有时会恳求她的支持，有时却批评她的世界观过于狭隘。意料之中的是，性关系成为最重要的事情。

在后来的一封信中，巴塔耶开头便请科莱特帮他一个忙：请她督促自己信守誓言，不要再去找"某个女人"了。这个誓言并不难守住，因为这个女人他只碰过一次。（一次！他便在书信中为自己的罪孽而忏悔。）虽然并未言明，这个女人当然就是妓女。她"绝对令人可怕，但我并不讨厌，因为这种可怕有其诱人之处。当然，于我而言，这个女人美丽绝伦。也许你会觉得我的生活糟糕透了？"[2] 他希望科莱特知道此事后能阻止他再犯。

但他的想法差不多是前后矛盾的。"我到底为什么一定要不沾女色呢？"他暗自思忖。[3] 在他心中，"并不存在什么邪恶的快乐"，他想起"一连串非常不道德的事情"。但是，这个女人带给他的快乐也出现了问题，因为这种快乐"难以置信地超越了他的感官。"对此快乐，他既不趋之，也不避之，"品尝之时，他心静如水"。但之后，他认识到自己决不

---

[1] *Lettres* 51.
[2] *Lettres* 47.
[3] *Lettres* 48.

能再做此事。[1]

  恶感与快乐相互交织——如在格拉内罗的死亡中所体验到的感觉——这个妓女既可怕又美丽。巴塔耶在体验此种快乐时,既心如止水,又决意舍去。这封信本身既有对罪孽的忏悔,同时也为其辩护。作为巴塔耶的读者,科莱特·勒尼耶充当了基督教的良知,可判别是非;面对她,巴塔耶这个骄傲不逊、行为乖张的孩子可以为自己的不轨行为忏悔。但这个角色是巴塔耶自己刻意塑造出来的。在书信往返的整个过程中,巴塔耶恳求她只扮演这一角色,而没有其他选择。这并不是说她没有扮演自己的角色。(因为看不到她的书信,我们也可以认为她只是凭借理性回应一个缺乏理性的对话者。)然而,巴塔耶正进入一个新的世界,在此世界中没有任何倾听者能帮助他。

  毕业前的一个秋日午后,巴塔耶在巴黎文献学院遇见了阿尔弗雷德·梅特罗。巴塔耶当时正憧憬着即将开始的西班牙之行,而梅特罗则刚从安达卢西亚回来。很不寻常的是,二人身形长相有相近之处,这为他们接下来的相识和交谈创造了条件。四十年后,梅特罗回忆起巴塔耶对自己枯燥的陈

---

[1] *Lettres* 47.

第三章 暴力和尊贵

述听得津津有味。巴塔耶的西班牙之行,学术目的是次要的,他主要想了解摩尔人对西班牙文化的影响,同时对斗牛也饶有兴趣。[1]

巴塔耶回来后,二人的友谊进一步加深,并延续了一生。梅特罗此时已从文献学院退学,转而在马塞尔·莫斯的指导下从事民族学研究。他最终事业有成,专事拉丁美洲文化研究:印加人、复活节岛、土著居民和海地伏都教(他加入该教,成为其新成员)的宗教习俗。1957年,在《色情》(*Eroticism*)的序言中,巴塔耶坦陈自己能进入人类学和宗教史领域,皆归功于梅特罗。他说梅特罗"无可争议的权威性使我在论及禁忌和僭越等关键问题时,感到确信无疑。"[2]《厄洛斯的泪水》中的一些照片就有来自梅特罗有关海地伏都教的著作:在巴塔耶看来,这是一本由"我们这个时代最杰出的民族学家"写成的"佳作"。[3]

梅特罗将马塞尔·莫斯(Marcel Mauss)的著作介绍给巴塔耶阅读,将他引入了人类学和宗教史领域。[4] 莫斯对于

---

[1] Alfred Métraux, 'Rencontre avec les ethnoglogues', *Critique*, 195—196 (August-September 1963), p.677.

[2] *OC* 10, 13; *Erotism* 9.

[3] *The Tears of Eros* 201.

[4] Métraux, 'Rencontre avec les ethnoglogues', p.678.

巴塔耶作品的影响堪比黑格尔、萨德和弗洛伊德，即便他们都不能与尼采相提并论。在社会组织、交流与沟通的结构、僭越和献祭（下面在巴塔耶的作品中碰到这些概念时，我们会有所讨论。[1]）等领域，巴塔耶的相关思想背后就有莫斯的影子。

梅特罗开始入班听课时，莫斯正在研究古代的交流结构；研究成果后来写成了《礼物》（*The Gift*）一书。在一个基本由埃米尔·迪尔凯姆的《宗教生活的基本形式》（*The Elementary Forms of Religious Life*）主导的领域中，莫斯有关献祭、魔术和原始分类的著述已跻身经典之列。（迪尔凯姆是莫斯的叔叔和老师。）梅特罗与巴塔耶常常一连几个钟头在巴塔耶居所附近的雷恩大街以及香榭丽舍大街散步，谈论莫斯、尼采、纪德、弗洛伊德和陀思妥耶夫斯基，这些人都是巴塔耶近期的发现。如同他对于基督教和笑的发现，也如

---

[1] 这种影响的深度和广度还有待在有关巴塔耶的论著中充分探讨，他的作品现在尤其被哲学家和文学批评家所阅读。相关研究包括 *Écrits d'ailleurs, Georges Bataille et les ethnologues*, ed. Dominique Lecoq and Jean-Luc Lory (Paris, 1987) 以及米谢勒·里奇曼（Michèle Richman）所著的两本优秀论著，*Reading Georges Bataille: Beyond the Gift* (Baltimore, 1982) 和 *Sacred Revolutions: Durkheim and the Collège de Sociologie* (Mnneapolis, 2002)。让·鲍德里亚在此基础上又深入了一步，尤其在 *Symbolic Exchange and Death* (London, 1993)。

第三章　暴力和尊贵

同在亚历山大·科耶夫的研讨班中开始阅读黑格尔，巴塔耶对于马塞尔·莫斯人类学思想的基本认识并不是在安静的环境中独立研究的结果，而是来自朋友之间的相互交谈。

1922 年，巴塔耶还发现了尼采。他之前于 1917 年读过《查拉图斯特拉如是说》的部分内容，后因对自己天主教信仰的怀疑，开始排斥尼采的思想。然而，1922 年 8 月 12 日，从西班牙回来不久的一天，他从国家图书馆借了《不合时宜的沉思》(*Untimely Meditations*)和《超越善恶》(*Beyond Good and Evil*)两本书。这两本书产生了"决定性的"作用。实际上，这些书对他所产生影响的深度和广度是难以想象的。阅读尼采的过程中，巴塔耶就体验到了恍然大悟般的精神震撼："既然我的思想——所有的思想——已经彻底地、令人羡慕地获得了表达，那为什么还要继续思考，为什么还要写作呢？"[1] 这番话证明了一个矛盾：到底是尼采如实表达了巴塔耶的思想，还是巴塔耶执意要表达的思想与尼采相同？[2]

---

[1] *OC* 8, 562; *The Unfinished System of Nonknowledge* 154.

[2] 弗朗索瓦·瓦兰（François Warin）对于尼采和巴塔耶之间复杂关系的研究最为彻底。参见 François Warin, *Nietzsche and Bataille: la parodie à l'infini* (Paris, 1994).

在《有罪》中，巴塔耶承认："对我而言，没有什么比个人的思维模式更为陌生的了……如果我说出一个单词，我也同时在运用别人的思想。"[1]这常常也是尼采的观点，但不止尼采一人。萨德和陀思妥耶夫斯基、黑格尔和弗洛伊德、弗雷泽（Frazer）和莫斯常常躲在巴塔耶的那副尼采面具之后。如同对观众们熟悉的神话进行改写的希腊悲剧作家，巴塔耶为了刺激自己的某种体验而改写思想。他依靠并重复"权威们"的语言。对这些权威的作品，他悉数加以论述，提出质疑，将其带入意料之外的领域，以意料之外的方式使用，并得出意料之外的结论。对于这些权威，他既为他们写作，也与他们一起写作，或在写作中反对他们，他会同时重复和背叛，承认和牺牲他们。

1923年11月，巴塔耶重又坚信他的生活属于异乡，于是制定了新的旅行计划。在国家图书馆工作期间，他在东方语言学院参加了语言课程的学习，翻阅了一摞一摞有关汉语和俄语语言文化的书籍。他想去西藏。一年前，他试图获得被派往开罗工作的机会，之前还想去美国。这些计划最后几乎都未能实现。虽然巴塔耶最终未能离开此地，但他的确找

---

[1] *OC* 5, 353; *Guilty* 108.

到了能帮助他解放思想的人——俄国流亡者列夫·舍斯托夫。比起当时二十六岁的巴塔耶，舍斯托夫要年长一辈，他是著名的哲学散文家，著述颇丰，主要研究陀思妥耶夫斯基和尼采。虽然他支持俄国革命，但由于出身贵族阶层，他在新生的苏维埃联邦的生活并不如意。于是，他逃到了巴黎，力求赢得国际声誉。1922 年，D. H. 劳伦斯为他所著的一本书的译本撰写了序言。

舍斯托夫此时已经出版了几部有关尼采、陀思妥耶夫斯基、托尔斯泰和帕斯卡尔的书。巴塔耶开始与其交往，常常彻夜长谈哲学。舍斯托夫与陀思妥耶夫斯基观点类似，认为人生是一个悲剧性的困境，需要一种难以企及的的信仰。在他看来，人的一生可概括为约伯的受难，而上帝从未俯身关照约伯。死亡是人生无法抗拒的真相，一种理想主义的思想——包括科学理性和受神学启发的道德体系的理性——是对此真相的逃避，但这种逃避只是模糊的幻觉。思想家的首要任务就是摧毁这些理想主义的幻想，使人和上帝回归他们各自所归属的不同领地。其次的任务是力求理解这不同的领地。神难以接近，不可认识，且无所不在。人作为神的牺牲品，如何可能既寻求一种道德生活，又能体验神的存在？舍斯托夫既反对理想主义——因此反对系统，反对理性——也诉诸幻想。他的思想反映了上帝和人各自都处于万能、无能和放逐的状态。他的著述表现出的是对无根信仰的深切而难以企及的渴望，但并不宣扬理性主义的无神论思想。

舍斯托夫发现尼采与自己志趣相投，他对这位上帝之死论哲人的解读虽有选择性，但颇为深刻；他的解读既有赖于尼采，也有赖于帕斯卡尔。巴塔耶当时刚开始阅读尼采，身为基督徒，他渴望从信仰中获得慰藉，却无法实现，尼采这位长者的声音必然深深吸引了他。他和舍斯托夫谈到了尼采、陀思妥耶夫斯基、帕斯卡尔、柏拉图以及哲学的目的。多年后，巴塔耶记述道："我的哲学知识的基础是舍斯托夫打下的……他想告诉我的有关柏拉图的知识正是我想听到的。"[1] 回首望去，舍斯托夫对这个曾冥顽不化的年轻人非常耐心，巴塔耶对此心存感激。他说，一种"根深蒂固的暴力"在那些年困扰着他。他只能在"悲伤狂乱"的状态中表达自己的想法。[2] 在此狂乱的精神状态中，舍斯托夫当然成了他的引路人。从他那里，巴塔耶认识到"如果人类思想的

---

[1]　*OC* 8, 562; *The Unfinished System of Nonknowledge* 154.
[2]　*OC* 8, 563; *The Unfinished System of Nonknowledge* 155.

暴力不能实现那种思想,这种暴力就一无是处"[1]。

1924年,巴塔耶与舍斯托夫的女儿特雷莎·布拉斯沃斯基-舍斯托夫(Teresa Beresovski-Shestov)合作翻译了舍斯托夫的书《托尔斯泰和尼采教义中的善》(*The Good in the Teaching of Tolstoy and Nietzsche*),他还计划撰写有关舍斯托夫作品的论著。[2]译本于1925年由世纪出版社发行,但计划的论著并未写成。[3]在三十年后所写的笔记中(该笔记在巴塔耶去世后出版),巴塔耶声称自己后来投向了马克思主义,也就逐渐疏远了这位哲学家。[4]无论是否有意为之,这个说法并不诚实。20世纪20年代中期,巴塔耶与舍斯托夫断绝了往来。但他直到30年代早期才投向马克思主义。尽管巴塔耶一生论述尼采——透过舍斯托夫的解读论述尼采——但在出版的著述中从未提及舍斯托夫对他的影响。这也许是因为影响的焦虑过于强烈,难以忍受。巴塔耶的视角是基于人与神相互之间无情的抛弃,疯人纵身一跃,扼住代表其最高价值之神的咽喉;从这一视角出发,就无法承认舍

---

[1] *OC* 8, 563; *The Unfinished System of Nonknowledge* 154.

[2] 参见 Michel Surya, *Georges Bataille* (London, 2002) 62。

[3] 参见 Lev Shestov, *Dostoevsky, Tolstoy, Nietzsche* (Cleveland, 1969)。

[4] *OC* 8, 563; *The Unfinished System of Nonknowledge* 154.

斯托夫的耐心培育和指导,否则就与该视角相违逆。提及舍斯托夫的影响就等于提到他早年矛盾冲突的信仰:《内在体验》的作者宁愿对此缄默不语。

第四章 地下人

1924年10月的某个时候,乔治·巴塔耶在靠近爱丽舍宫的玛雷尼咖啡店见到了米歇尔·莱里斯。引荐者是雅克·拉沃(Jacques Lavaud),他是巴塔耶在国家图书馆的同事,也是莱里斯的老朋友。后来,拉沃告诉莱里斯,他安排这场会面是想看看"会产生什么奇怪的结果"。[1]

双方当即心生仰慕——甚至是敬畏之心——很快引为挚友。二人后来的回忆录都记录了在此人生转折时刻对彼此的印象。这时的莱里斯二十三岁,巴塔耶则二十七。在莱里斯的记述中,巴塔耶的穿着有一种"深沉的优雅,而这种优雅并不表现在对服饰的炫耀"。他是个新教徒,带些讥讽的笑

---

[1] Michel Leiris, 'From the Impossible Bataille to the Impossible *Documents*', in Georges Bataille and Michel Leiris, Échanges et *correspondances* (Paris, 2004), p.15; Michel Leiris, *Brisée: Broken Branches* (San Francisco, 1989), p.237.

声中流露出一丝黑色幽默。[1]对于自己,巴塔耶如此评价:"虽然我的思想有些天马行空,但我有着资产阶级的外表:一把竹柄雨伞。"[2] 莱里斯也是一位文人雅士(他甚至还涂脂抹粉),但他容易紧张,爱咬指甲,甚至咬出了血。他为人有些冷漠。[3]

巴塔耶鼓励莱里斯阅读陀思妥耶夫斯基的《地下室手记》(*Notes from Underground*)。这本书他一定曾与舍斯托夫讨论过。莱里斯发现书页中夹着一张似乎是巴塔耶照自己的模样画的人像。陀思妥耶夫斯基笔下堕落疯狂的凡夫俗子形象生活在一个由醉汉、赌徒和妓女构成的世界里,病态的灵魂与自己交战。地下人试图获得完满的生活,而不只是在理性的支配下生活,但是他身陷帕斯卡尔所谓的矛盾之中,即不能在自身中找到安宁和满足。反而,他只有在别人的眼中——和痛苦中——才能最为确定地体验到对自身的感受。然而,即便这些体验也只能给他肤浅老套的感受。他不能说话,即便开口也好像在说别人的语言,好像在照本宣科。他自夸自

---

[1] Bataille and Leiris, Échanges et *correspondances*, p.15; Leiris, *Brisée: Broken Branches*, pp.237—238.

[2] *OC* 8, 172; *The Absence of Myth* 38.

[3] *OC* 8, 171; *The Absence of Myth* 36—37.

第四章 地下人

负,莫名其妙地情绪激动;那些别人"甚至不敢推至半途之事",地下人会一直推向极端。[1]

在与莱里斯以及拉沃的谈话中,巴塔耶提议发起新的文学运动,并创办一份杂志。当时渐趋没落的达达主义幼稚地主张否定一切;与之截然相反,巴塔耶想发起一场"肯定"的运动,要求"对一切永远默许"。[2]在巴塔耶看来,达达主义还不够"白痴";还不够离谱,未能超越自身,进入更宽广的人生视野。[3]杂志使用的地址是圣但尼港附近的一家妓院,妓院肮脏破朽,也很诱人,那里的女子会给杂志投稿。[4]

巴塔耶建议发起的运动是很重要的,不仅因为适逢其时,当时咖啡馆——或此处的妓院——中的闲谈对答往往催生新的杂志和思潮。重要性还在于它能厘清巴塔耶的新思想,即他的基本立场和思想传承。尼采也建构了一种默认伦理,主张接受和歌颂这个世界所有的感官享乐,而非像基督

---

[1] Fyodor Dostoevsky, *Notes from Underground*, trans. Richard Pevear and Larissa Volokhonsky (New York, 1993), p.130.

[2] Bataille and Leiris, Échanges et *correspondances*, p.17; Leiris, *Brisée: Broken Branches,* p.238.

[3] André Masson, 'Le s*OC* de la charrue', in Masson, *Le Rebelle du surréalisme*, ed. Françoise Levaillant (Paris, 1994), p.75.

[4] Bataille and Leiris, Échanges et *correspondances*, p.17; Leiris, *Brisée: Broken Branches,* p.238. See also *OC* 8, 171; *The Absence of Myth* 35.

教那样一概排斥。

这场运动的总部设在妓院,也标志着乔治·巴塔耶的个性发生了决定性转变。刚刚两年前,巴塔耶还写信给科莱特·勒尼耶,求她阻止自己与一个可怕的女人鬼混,声称这个女人他只搞过一回。可到了第二年,他和阿尔弗雷德·梅特罗成了这些女人的常客。[1] 现在,与莱里斯一样,他已声名狼藉,成了滑稽笑料:一个赌徒、酗酒的醉鬼、沉湎酒色的放荡货色。从此以后,只有生病时他才会停止声色犬马的生活。他在《有罪》中如此解读,"我真正的教堂是妓院——唯一能让我真正满足的地方。"[2]

巴塔耶建议发起的运动并未出现。1924年10月,安德烈·布勒东(André Breton)发表了第一份超现实主义宣言。大约一个月之后,米歇尔·莱里斯也加入进来。巴塔耶感觉这个新朋友背叛了自己,同时也有点为他担心。但他也无能为力。二人间友谊依旧,只是不比从前那么炙热了。

巴塔耶经由梅特罗接触了莫斯,经由舍斯托夫接触了尼采,而莱里斯就是巴塔耶与超现实主义思潮和人物的中间

---

[1] 参见Fernande Schulmann,"Une amitié, deux disparus", Ésprit (November 1963)。

[2] *OC* 5, 247; *Guilty* 12.

人;至少最初时如此。开始,他带着巴塔耶见了画家安德烈·马松,地点是画家位于布洛梅大街45号有些寒酸的画室。霍安·米罗(Joan Miró)的画室在隔壁,这群作家和画家经常光顾马松的画室,就好像这是一个沙龙。与他们在一起,巴塔耶立刻便觉得很自在。乔治·兰布尔(Georges Limbour)、罗兰·蒂阿尔(Roland Tual)、让·杜布菲(Jean Dubuffet)、安托南·阿尔托(Antonin Artaud)都是这个群体中的骨干,马克斯·雅各布(Max Jacob)也是,虽然他年纪比其他人要大些。布洛梅大街的这些超现实主义者热爱陀思妥耶夫斯基和尼采,在与这些人的交往中,巴塔耶发现了当时刚刚出版的萨德侯爵的作品。对于布洛梅大街的这些画家和作家而言,陀思妥耶夫斯基、尼采和萨德在感官和思想上的放纵与他们自己在生活中的恣意不羁并无二致。他们肆意饮酒,也不反对吸食鸦片。他们光顾妓院,纵情声色。

此时及之后多年,巴塔耶与泰奥多尔·弗伦克尔(Théodore Fraenkel)以及安德烈·马松过从甚密,这二人最后都成了他的内弟。弗伦克尔与安德烈·布勒东结识于1906年,并与他一同考入医学院。他是法国达达主义的积极参与者,职业是医生,而非作家或画家。但是,巴塔耶发现此人"是个安静的夜猫子,夜晚总是郁郁寡欢,但其实是个荒唐可笑的人"。[1] 后来，弗伦克尔成了巴塔耶的私人医生。

安德烈·马松描绘充满色欲的画面，线条自然，宛若天成。比起布洛梅大街的其他成员，他和巴塔耶之间心有灵犀，由共同的兴趣彼此相连。在其后的几年中，马松将在巴塔耶的生活中扮演非常重要的角色：为他的几本书创作插图，创作的形象启发了巴塔耶，促使他于 1936 年创办《阿塞法勒》(*Acéphale*) 杂志以及同名的秘密社团。

马松自动画派的风格是超现实主义美学的核心，但布洛梅大街的这群人在超现实主义思潮中并不占据主流。安德烈·布勒东住在方丹街，周围聚集了另一批作家和画家：路易·阿拉贡 (Louis Aragon)、保罗·艾吕雅 (Paul Éluard)、菲利普·苏波 (Philippe Soupault)、邦雅曼·佩雷 (Benjamin Péret)、勒内·克勒韦尔 (René Creval)、马克斯·恩斯特 (Max Ernst) 以及后来的萨尔瓦多·达利 (Salvador Dalí)。方丹街是超现实主义的发源地和真正的大本营。

莱里斯在泽丽夜总会将巴塔耶引荐给了路易·阿拉贡。在巴塔耶看来，泽丽"可能是最迷人的夜总会"。[2] 巴塔耶

---

[1] *OC* 8, 179; *The Absence of Myth* 42.
[2] *OC* 8, 174; *The Absence of Myth* 38.

第四章 地下人

认为阿拉贡对自己的思想和个性都很自信，但觉得他虽不是笨人，也不太聪明；觉得他相当幼稚，但也很严肃、富有魅力且雄心勃勃。他感觉阿拉贡"摆出一副大人物的样子"，这也是那些年中他对方丹街超现实主义者们主要的不满所在。他们太自以为是；一举一动，似乎都掌握着解决社会弊端的良方。虽然巴塔耶的思维和行动比较极端，但也过于腼腆，低调谦逊，并未与那些年轻气盛的超现实主义者有过正面冲突。他坐着，沉默不语，由着他们喋喋不休。他也读这些人的书，至少是其中的一部分：布勒东的《宣言》(*Manifesto*)、《当铺》(*Mont de Piété*) 和《可溶解的鱼》(*Poisson soluble*)，阿拉贡的《阿尼塞或全景》(*Anicet ou le Panorama*) 和《巴黎的农民》(*Le Paysan de Paris*)，还有几本艾吕雅的诗集。他觉得《宣言》并"不值得一读"。[1]

莱里斯还促成了巴塔耶与安德烈·布勒东的会面，这次的地点在白色广场的咖啡馆"西哈诺"的平台上。会面时，巴塔耶将他所翻译的 13 世纪的胡话诗 (nonsense poetry) 交给对方——这些诗的译文将发表在《超现实主义革命》(*La Révolution surréaliste*) 上。第二年，布勒东出版了这些诗，

---

[1] *OC* 8, 173; *The Absence of Myth* 37. 也见于 *OC* 12, 558&561。

但从一开始他就很不喜欢巴塔耶。这种情绪,双方都有。布勒东为人严谨,喜欢说教,比较超然,而巴塔耶则反复无常,容易妥协,羁于俗务。布勒东觉得巴塔耶行事偏执,而巴塔耶则认为布勒东令自己感到窒息。[1]

与马松、莱里斯和尼古拉·巴赫金(Nikolay Bakhtin)(米哈伊尔·巴赫金的弟弟)携手,巴塔耶考虑另起炉灶,成立一个以尼采思想主导的、俄耳普斯式的秘密社团。莱里斯建议称之为"犹大",但此事最终不了了之。

巴塔耶仍然坚持写作。1925年,他试图通过法语古代文本协会出版《骑士勋章》(*L'Ordre de chevalerie*),但遭拒绝。之后,他又提出出版一篇14世纪的叙事散文《贝瑞吕》(*Bérinus*),但再遭协会拒绝。1926年,他开始在一份艺术和考古刊物发表学术文章和评论,刊物编辑是皮埃尔·德埃斯普泽尔(Pierre D'Espezel)和让·巴伯隆(Jean Babelon),二人都是巴塔耶在国家图书馆的同事。

他继续创作小说,撰写一部名为 *W.C.* 的小说初稿,日后宣称这部小说"猛烈抨击任何形式的尊严"。[2] 但后来他

---

[1] *OC* 8, 178; *The Absence of Myth* 41.

[2] *OC* 7, 459; *My Mother* 218.

第四章 地下人

说自己烧毁了手稿。[1] 但根据米歇尔·莱里斯的说法，《正午的蓝色》(*Le Bleu de ciel*) 的序言实际上就是 *W.C.* 的开篇，或是根据这部分改编而来的。[2] 1945 年，巴塔耶将同一部小说更名为"多蒂"(*Dirty*) 后出版。可他为何要说手稿已销毁了呢？

故事始于一间地下室；法语中，地下室是"sous-sol"，即一个地下空间。而 *W.C.* 是一个有关地下人的故事。正如故事中的叙述者所指出的，这个场景的写作技法"不在陀思妥耶夫斯基之下"。[3] 叙述者亨利·托普曼（Henri Tropmann）的名字取自让-巴普蒂斯特·托普曼（Jean-Baptiste Tropmann）。1869 年，托普曼谋杀了一家八口人，后被送上断头台处决。在这个英法双语混合的双关语中，托普曼可被解读为"太多人"(too much man)。"亨利"也可指托普曼的一个受害者亨利·金克（Henri Kinck）。兰波（Rimbaud）将谋杀犯和受害人的名字都在"巴黎"这首诗的一列名字中体现出来，这首诗他投给了《诅咒诗画集》(*Album Zutique*)。

---

[1] *Romans* 363; *Story of the Eye* 97.

[2] Bataille and Leiris, *Échanges et correspondances*, p.17; Leiris, *Brisée: Broken Branches*, p.239.

[3] *Romans* 113; *Blue of Noon* 12.

在伦敦索威酒店的一番纵酒宴饮中，女主角——多蒂——讲述了儿时来此酒店时的经历。那次，她端庄高贵的母亲走出电梯，不慎绊倒在地，一副醉态。多蒂在身体（因为她跌倒时，头朝下，脚朝上）和道德（因为她醉醺醺，一副堕落的样子）两方面都颠覆了对母亲的看法。多蒂的这一视角转换更为复杂，因为此时身边有一位色眯眯的电梯操作员，他的在场触发了刚才这段回忆；此外还有一个女佣，多蒂向她说了这段往事。对女佣说这样一个故事，多蒂就在她面前就降低了自己的身份，如同母亲在多蒂面前颜面扫地一样。之后，这个故事又反复讲给比利时的鱼贩子们听，多蒂的身份便一降再降。简而言之，这本书寻求的就是这种颠覆感，巴塔耶初尝这样的感觉是在听到父亲大叫："大夫，你跟我老婆上床完事儿后，告诉我一声！"

对巴塔耶而言，这本书发出了一声"恐怖的尖叫……朝我自己，不是因为我荒淫无度，而是因为哲学家的脑子，自此……多么悲伤！"[1] 放荡荒淫，他可以接受，但理性、辩解、思想等这些哲学家的看家本领，他无法接受。小说写的是地下人，也似乎是出自一名地下人的手笔。但

---

[1] *Romans* 363; *Story of the Eye* 97.

作者拼命排斥自己的暴力文本，至少部分内容如此。他保留了第一章，以两个不同的版本发表了两次。另外，他还保留了标题的其余部分，用作下一部小说的笔名，即奥赫勋爵（Lord Auch）。

巴塔耶将 *W.C.* 展示给莱里斯以及其他朋友。他可能还分享了其他一些作品，其中可能就有《眼睛的故事》较早的稿本。卡米尔·多斯医生就是其中的一位朋友，对于作品的"恶毒偏执"——肯定也对巴塔耶的个人嗜好、酗酒赌博——深感不安，他建议作者去找阿德里安·博雷尔医生，做精神分析治疗。阿德里安·博雷尔是那年成立的巴黎精神分析协会的创始人之一。[1] 作为鉴赏和美学的行家，博雷尔医生是艺术家的支持者，对人类想象的机制很有兴趣。在之后的十年中，在巴塔耶最密切的交际圈中，博雷尔医生还诊治过雷蒙·格诺、米歇尔·莱里斯、科莱特·佩尼奥，也许还有她的弟弟查尔斯。

根据巴塔耶的描述，他的分析并不怎么墨守成规，一直持续了一年，但效果明显，他从一个"不健康的"人变成"能

---

[1] 关于阿德里安·博雷尔，参见 Elisabeth Roudinesco, *La Bataille de cents ans: Histoire de la psychoanalyse en France* (Paris, 1982), vol. I.

独自生存的"人。他称之为"解脱"。[1]此前一连串"令他苦苦挣扎、沮丧厌烦的意外和挫折",终于因此画上了句号;"但思想的强度"并未消失。[2]这个优柔寡断的年轻人面对超现实主义者的自信曾沉默无语,现在则有如释重负之感。

博雷尔医生诊治的细节如何,这不得而知。巴塔耶也许写过一段文字,描述自己曾梦到父亲在地下室里虐待他。[3]他在创作《眼睛的故事》过程中,也把一些段落念给医生听,而博雷尔医生也会说自己的看法。他纠正了巴塔耶一个解剖学方面的错误认识:公牛的睾丸为白色,而非红色,因此与鸡蛋和眼睛都有几分相似。[4]除此之外,诊治的细节全都无从查考。

不知是作为精神分析治疗的一部分,还是与此并无关系,博雷尔给了巴塔耶一张中国人被凌迟割肉的照片,复印自乔治·杜马(Georges Dumas)的《心理学特征》(*Traité de psychologie*)(1923年)。1905年,福朱力(Fou Tchou Li)

---

[1] Madeleine Chapsal, 'Georges Bataille', in Chapsal, *Quinze écrivains: entretiens* (Paris, 1963), p.14.

[2] *OC* 7, 459; *My Mother* 218.

[3] *OC* 2, 9—10; *Visions of Excess* 3—4.

[4] *Romans* 103; *Story of the Eye* 92.

谋杀了敖汉王（Ao Han Ouan）。他被判火刑，但皇帝感到这样处死太过残忍。于是，皇帝下令把罪犯凌迟处死：即身体被刀切成一百块。不知是为了减少还是延长痛苦，福朱力被喂食了鸦片。他双臂吊起，身体悬空，旁边围满了看客，肩膀肯定已被身体的重量折断。一条一条的肉从胸部割下，阳具也割走了，身体一块一块解体了。在博雷尔给巴塔耶的图片中，福朱力的眼睛好像已滚入了可能陷入恍惚的头脑中：这令人不安地想起巴塔耶父亲的那双痛苦凹陷的眼睛。这幅

福朱力遭凌迟，中国，1905，《厄洛斯的泪水》(1961) 中的复制。

图片对于巴塔耶的思维方法将发挥极其重要的作用。巴塔耶曾设想自己就在遭酷刑折磨之人的肉体中,被大卸八块,恍恍惚惚:他的身体将思想抛了出来,超越了意识的极限。

1923年,巴塔耶通过前年于法国出版的《精神分析导读讲座》(*Introductory Lectures on Psychoanalysis*)开始阅读弗洛伊德。[1]仔细研读后,他于1927年反复阅读了《图腾与禁忌》(*Totem and Taboo*)。1931年,他开始考虑和西蒙娜·布勒东(安德烈的妻子,不久后离婚)合译弗洛伊德论陀思妥耶夫斯基的文章。1932年,他才读了《梦的解析》(*The Interpretation of Dreams*)。[2]他在接受治疗前的心理分析知识基本处于入门水平,可见博雷尔医生起到了中介的作用,引导巴塔耶用人类学的分析方法进行研究。巴塔耶始终将《图腾与禁忌》看作心理分析的经典文本。他对心理分析的兴趣在于以其作为文化和人类学分析的手段,而非用来分析自身。但不管怎样,巴塔耶心理分析经历给他带来了"解脱"。

---

[1] 1923年2月10日,他从国家图书馆借出了扬科勒勒维奇(Jankélévitch)的译本。参见 *OC* 12, 554。

[2] 参见 *Lettres* 68; *OC* 12, 565, 588。

第五章 无限戏仿

1927年,巴塔耶年届三十。他最好的朋友都参与了一个他没有参与的运动。他的职业不能完全实践他的思想进程。当年,巴塔耶的求婚被玛丽·德尔泰伊的家庭拒绝。十年之后,他的情感生活堕入了荒淫无度之中。他为了逃避而信奉宗教,后又放弃信仰,开始是为了从历史学家的角度研究宗教,后来却成了冥顽不化之举。

1927年1月,巴塔耶开始创作《太阳肛门》("The Solar Anus"),一次神话人类学的实践。这篇文本无法归入任何类别,作者对其原创性信心十足。西蒙画廊——丹尼尔-亨利·康维勒(Daniel-Henry Kahnweiler)的画廊——四年后出版了这篇作品,插图由安德烈·马松绘制。这是巴塔耶最早一篇以真名实姓出版的作品,这个名字他连续用了一生。[1]

---

[1] 巴塔耶以笔名出版了《眼睛的故事》,之后再未提及《兰斯圣母院》。

"显而易见，这个世界完全是个戏仿，"他开篇说道，"所见的每一物都是对另一物的戏仿，或者仍为同一物，但形式具有欺骗性。"[1] 如果说巴塔耶早期的文学和思想探索多为仿作——他的译作和评论集即是明证——那么后期的作品是一种戏仿，完全是原创之作。仿作仅仅复制著名的原作；而戏仿则通过反讽式模仿令原作相形见绌，一方面抨击原作缺位和遭弃的权威性，同时又对其心存感激。戏仿是文学式的僭越，既有所消解又有所保留。作为一种分析原则，戏仿是一种通过提炼而贬损的形式，是通过还原而承认的形式，即归谬法。让人不禁捧腹的戏仿也以戏剧化、模仿和反叛等形式出现在巴塔耶的写作和思想之中：在文本层面上对同一的永恒回归，重复是言说差异的唯一手段。

戏仿恰恰是寓言的对立面，寓言是中世纪一种典型的神学和文学修辞。巴塔耶自己的《兰斯圣母院》就具有典型的寓言特征：兰斯的某个教堂不仅代表所有的教堂，而且代表与教堂同名的圣母玛利亚，代表圣母玛利亚赐给所有基督徒的慈爱和拯救。在一个亵渎神灵的世界，实物可被视作充满了神圣的目的。如果说寓言颠倒的目的是为了升华，那么戏

---

[1] *OC* 1, 81; *Visions of Excess* 5.

第五章 无限戏仿

仿颠倒的目的则是贬损。寓言赋予神学信念以具体形象，而戏仿则破坏了真理概念本身：如巴塔耶在《内在体验》所解释的那样，"思想具有破坏性"。[1] 这也是尼采最喜欢运用的策略。在《快乐的科学》(*The Gay Science*) 的前言中，尼采颠倒了这本书的结论：无限的悲剧魔物变成了无限戏仿；戏仿由此正式出场。

"太阳肛门"是巴塔耶对所谓神话人类学的一次实践：一种激越思想的风格，在外部世界和观察者内心同时作用的理性和非理性力量都囊括其中。科学人类学（其代表人物为马塞尔·莫斯）通过基于观察实证的、符合理性的假设进行研究。精神分析学也是如此，在科学外表之下掩盖了其对神话结构的依赖。与之不同，神话人类学通过潜在的非理性假设激发思考：它希望揭示神话。在 20 世纪 30 年代，在阿塞法勒这个秘密社团及其同名杂志中，这个议程又回归了人们的视野。而且十年之后，巴塔耶在《被诅咒的共享意识》(*The Accursed Share*) 写道："我所谓赋予世界活力的炙热情感也是我的炙热情感。我研究的客体无法与处于沸点的

---

[1]　*OC* 5, 179; *Inner Experience* 155.

主体区分。"[1]

《太阳肛门》主张戏仿是理解宇宙万物之间关系的钥匙：动物、植物、海洋、太阳、机车、雨伞等。此后，文章对这些关系进行了探索性研究，将叙事意识置于这些关系之中："我是杰苏弗（Jesuve），即对炽热灼眼的太阳的肮脏戏仿。"[2] 法语中，杰苏弗融合了"je"或 I（我）、Vesuve（火山）或 Vesuvius（维苏威火山）和 Jésus（耶稣）。巴塔耶在一些未发表的作品中使用了这个新词，他的作品中有很多讲述松果眼（pineal eye）的神话，松果眼位于人的脑门之上，渴望阳光的直射。所有这些文本尽管存在风格上的细微差别，但遵循的都是相同的神话议程。

《太阳肛门》聚焦世界的戏仿结构——每一物都反映或颠覆他物的身份。阳光洒向下面的大地。花朵则向上生长，以获取阳光。由于无法完全向上伸展，地球上的生物（动植物和人）和力量（如海洋）与自身的局限性抗争，他们都试图超越自身。这种抗争是通过两条轴线的运动组织的：由太阳向下和朝太阳向上构成的纵向运动，横向运动是由能量近乎垂直的起落引起的，而能量随着地球转动而上下起落。海

---

[1] *OC* 7, 20; *The Accursed Share* 10.

[2] *OC* 1, 86; *Visions of Excess* 9.

第五章　无限戏仿

洋的活动体现的就是一种横向运动。动物也属于这个横向的世界：他们从地球向上长高，但关注的是周围世界的事物，而非他们上方的东西。在所有动物中，只有人类思考天国。我们被撕扯于两条轴线之间。

此处，巴塔耶的思想与赫拉克利特（Heraclitus）以及赫西奥德（Hesiod）并无本质区别。[1] 如巴塔耶所说，如果以心理分析术语过滤他的传统观念，"与空中大气的宏大交媾受到地球绕太阳旋转运动的调节……多形态交媾是整齐划一的地球转动的功能。"[2] 和弗洛伊德一样，性欲是所有关系的决定者。《太阳肛门》论述了普遍经济学的神话，即所有能量不仅围绕地球而且在整个宇宙中循环往复的观点。

在此观点中，戏仿通过对立物的相互作用发挥重要作用。作为分析策略，这种思想促使人们运用想象力寻找对立物，并尝试思考对立物之间难以达成的统一：纯粹太阳能的对立物是地球的污秽、排泄物；太阳肛门的神话指的就是这些力量的统一。

---

[1] 1927年10月和11月，巴塔耶从国家图书馆借了赫拉克利特的书或有关他的论著以及希腊形而上学、尼采和希腊思想等一系列书籍。参见 *OC* 12, 567。

[2] *OC* 1, 84; *Visions of Excess* 7.

戏仿还出现在对裂殖生殖的误解，如通过细胞分裂的繁殖。细胞分裂通过同一性的重复创造差异，而非像巴塔耶那样通过同一性的戏仿式反映。巴塔耶对此问题非常着迷，在社会学学院，在其论著《裂殖生殖》（"La Scissiparité"）和《色情》中直接进行论述。[1]像同一性这样的形而上学和心理学概念在自然界中毫无用处。然而，巴塔耶的思想是有价值的，试图在自然秩序之内重新定位人类的行为：它呈现了对欲望的幻想，其中人类的欲望展现了宇宙能量。

根据巴塔耶基于耗费的观点，人的欲望在自我迷失、自我遗忘或自我牺牲的欲望中获得最深刻的表达，无论是以性交的形式，还是其他形式。"与所爱的女孩同床共枕时，男人忘记了为何他是自己，而不是他所抚摸的身体。"[2]这些文本提出的这些虚构之物——太阳肛门、松果眼和杰苏弗——每一个都反映和重复了自我迷失的欲望。

在《太阳肛门》中，肛门表现的是人类肉体中夜晚的一面。太阳肛门当然是一种不可能实现的混合：最高之物与

---

[1] 参见 Sacred Sociology and the Relationships between "Society", "Organism", and "Being"，丹尼斯·奥利耶（Denis Hollier）编，*Le Collège de Sociologie* (Paris, 2005), pp.31—60; *The College of Sociology* (Minneapolis, 1988), pp.73—84。

[2] *OC* 1, 82; *Visions of Excess* 6.

第五章 无限戏仿

身体最低的部分合为一体。在这里,"太阳唯独热爱夜晚,将其光明的暴力、可鄙的光柱射向大地,但发现自己无法触及夜晚的目光,虽然大地的夜晚在朝着阳光的低俗不停地运动。"[1] 由此可见,宇宙交媾复制了鸡奸。这就功能而言是毫无作用的肛交,纯粹的耗费。

《松果眼》指的是一只"眼睛,在头颅顶端,朝向炽热的太阳,为了能在邪恶的孤独中凝视太阳……不是理解的产物,而是即时的存在;眼睛如同大火一般打开和关闭……这个燃烧着的巨大脑袋是耗费概念的形象以及令人生厌的光芒。"[2] "这个有关松果眼的幻想就是排泄物的幻想。"[3] 视力和身份从受难的头颅顶部开始燃烧。理解被抛了出来,头骨开裂。

杰苏弗这一形象以救世主的名义将人和火山、我和维苏威火山结合在一起。《松果眼》非常清晰地讲述了杰苏弗的神话。1927年7月,巴塔耶在英国首都从事研究期间参观了伦敦动物学公园。一只长臂猿突出的臀部,颜色鲜艳,他感到震惊,印象深刻。旁边的女学生对此发出尴尬的笑声。长

---

[1]　*OC* 1, 86; *Visions of Excess* 9.

[2]　*OC* 2, 25; *Visions of Excess* 82.

[3]　*OC* 2, 20; *Visions of Excess* 78.

臂猿的臀部标志了某种身份，也是性冲动的符号；在巴塔耶看来，臀部讽刺了人脸。巴塔耶想象了一个仪式中的场景，人们挖了个坑，将长臂猿埋入其中，但臀部却暴露在填土之上。在他的想象中，一名金发碧眼的英国女人在宗教的狂欢之后卧倒在这只动物身上。

> 所有人目瞪口呆，看着这个肮脏但美丽、浑身涂满鲜血的太阳状隆起物，凸出地面，随着痛苦的痉挛，战栗发抖，颇为滑稽可笑。接着，这个有着诱人臀部的英国女人在这个填平的坑上伸展自己修长的裸体：这个光秃秃的人工头骨上有带着黏液的人肉，头顶有朵四面张开的花，上面沾了一些粪便。当人肉被秀丽的白手指触摸时，看上去更加恶心……鲜血染红的美丽土壤因压迫，甚至因死亡，而收缩，随着臭烘烘的棕色火苗而熊熊燃烧起来。[1]

地下的动物牺牲了生命，伴随着火山似的粪便爆发，玷污了一位皮肤白皙、金发碧眼女人的尊严。这就是杰苏弗：拼命

---

[1] *OC* 2, 30; *Visions of Excess* 86.

第五章 无限戏仿

朝向天空的动物身份在地下牺牲。"太阳用作排泄的眼睛将自身从这些火山熔岩中扯了出来,一个人用手指扯下自己眼睛时的疼痛与太阳的肛门母性同样荒谬。"[1]

这些太阳和排泄神话有关交互性和灾难性耗费,重构和拓展了:弗洛伊德有关自我毁灭本能和肛门性欲的著述;莫斯有关社会真相、冬季赠礼节和牺牲的思想;尼采有关耗费的观点——权力意志是首要的耗费理论——有关人性是一种必须克服的形式的观点;萨德对于兽性、自我毁灭的欲望、鸡奸和非生产性欲望的实践。这些神话故事除了《太阳肛门》外均未出版,它们构成巴塔耶全部著述的原始文本,即生成性的原初神话。

《眼睛的故事》延伸了《太阳肛门》的戏仿议程。从《眼睛的故事》中还能窥见一些早期的作品:心理分析式文学与方法,超现实主义者钟爱的哥特小说,如马修·莱维斯(Matthew Lewis)的《和尚》,当然还有萨德侯爵的色情作品。[2] 故事中常常会有心理分析,还有人物的性爱游戏(例

---

[1] *OC* 2, 29; *Visions of Excess* 85.

[2] 有关《眼睛的故事》的评论超过了巴塔耶的任何一部作品。帕特里克·弗伦奇(Patrick French)著 *The Cut: Reading Bataille's Histoire de l'oeil* (Oxford, 2000) 是对这方面文献的精彩总结和拓展。

如，第六章清楚地讲了快感的口欲、肛门和性器阶段和性格发展）。玛塞勒（Marcelle）被囚禁在一家疗养院，这所疗养院颇有鬼魂出没的城堡的感觉，这也许最鲜明地表现了哥特传统。

《眼睛的故事》还戏仿了莫里斯·巴雷斯（Maurice Barrès）的《血、肉体的快感和死亡》中的观念和具体场景。巴雷斯是一个右翼的政治煽动者和小说家，因鼓吹"自我崇拜"而闻名。这位信奉天主教的民族主义者比巴塔耶年长一辈，死于1923年，但他的作品为法西斯主义在法国的崛起创造了思想舞台。因此，巴雷斯对于天主教徒巴塔耶而言是具有黑暗诱惑的人物，对他的戏仿而言是极好的衬托。《眼睛的故事》也是对语言本身的戏仿，对通常的故事和叙事的戏仿，对再现以及表意过程的戏仿。《眼睛的故事》并不完全是一个故事，也并不完全有关一只眼睛，至少这两者并非其主要兴趣点所在。虽然这个故事本身乏善可陈，但透过故事所探讨的是每章中的场景画面和语言效果。这里的眼睛不只是我们随之四处漫游的单只眼睛，而是一系列眼睛以及其他相关之物，它们在文本通篇相互碰撞挤压。贯穿通篇的唯一一只眼睛是隐含的读者的眼睛，其心灵之眼想象着被再现的场景，其肉眼扫视着文本的表层。如果读者将这个故事理解为一个大体上平铺直叙的故事，搁置自己的怀疑，享受其中的描述，他/她就未能从根本上将此文本理解为每页上的文字。在《眼睛的故事》中，这种失察疏忽使读者无法领略作为本文动因的文字游戏。

这个作品包括两个部分：一是故事叙述；另一部分是篇幅较短的分析文本，对"具有部分想象成分的"故事中出现的形象和观念，解释其传记性来源。[1]因此，《眼睛的故事》并不完全是一个故事。故事的叙述者是一个青春期的少年，遇到了一个年龄相仿的女孩，名叫西蒙娜（Simone）。二人的关系若即若离。起初还比较单纯，但二人后来开始一起尝试手淫。他们的行为使西蒙娜的母亲蒙羞，又使玛塞勒这个单纯的女孩堕落。玛塞勒因过去的经历而精神失常，被关进了精神病院。西蒙娜和故事叙述者一起帮助玛塞勒逃出了精神病院，结果发现她的确是个疯子。（但故事中疯狂又是什么呢？）玛塞勒最终意识到，解救她的人与之前困扰自己的人都是一丘之貉，于是自杀了。就这样，西蒙娜和叙述者成了杀人犯，他们逃到了西班牙，与埃德蒙德（Edmond）爵士——一位富有的英国花花公子——加入了一场斗牛赛。

---

[1] *Romans* 102; *Story of the Eye*.

在比赛中，西蒙娜得到了第一头牛的睾丸作为奖品。就在斗牛士格拉内罗被牛角刺入眼睛的那一刻，她吃下了一只睾丸，并将另一只塞入了自己的阴道。这三人结伴而行，来到了塞维利亚，参观了一座教堂，唐璜就葬于此地。在教堂，西蒙娜一边忏悔，一边手淫。出于不满，三人对牧师动了粗。他们把他捆住，强奸了他，亵渎圣餐推车，最后又杀了这名牧师，而牧师则相信自己是殉道而死的。他们扯下了牧师的一只眼睛，被西蒙娜塞进了自己的阴道。他们逃离了犯罪现场。西蒙娜每天都改变自己的装扮容貌，这样就可以每天被叙述者强奸一回。在书的结尾，埃德蒙德爵士在直布罗陀买了艘帆船，他们扬帆起航，开始了更远的旅程。

"巧合"显然能够"解释"故事中的一些成分。这部分的叙事声音未必是这个青春期少年的声音。现在的声音是作者的，作者在文中的化身是奥赫勋爵。"奥赫"（Auch）与"朝着屎屋子"（aux chiottes）形成双关语，"朝着屎屋子"是巴塔耶引自泰奥多尔·弗伦克尔的一个短语。"Lord"是英语词，意为神圣。因此，奥赫勋爵（Lord Auch）意为"上帝如厕"，巴塔耶认为这又使人联想到 *W.C.*[1]

---

[1] *Romans* 365; *Story of the Eye* 98.

第五章　无限戏仿

奥赫勋爵解释道：在疗养院，夜晚摆动作响的白纸可能源自青春期的某个时刻，当时他兄弟在一座类似的城堡旁以一张类似的白纸蒙面，假扮鬼怪。格拉内罗遭公牛刺中的一幕当然在历史上确有其事，虽然叙述者称自己之前并未将眼睛和睾丸作任何联系，只是后来医生提醒了他。奥赫勋爵注意到了他大脑中两种不同层次信息的区别：一种是初级形象；另一种则是完全下流可耻的形象，人的意识漂浮其上，意识为回应此种形象也会爆炸。在思想深处，他相信这些不同类别的形象和信息彼此是重叠的：寻常之物随时可以引爆。奥赫勋爵出生时，他的父亲就患有梅毒，是个瞎子，瘫痪在床。父亲发了疯，冲着给他诊治的医生咆哮道："大夫，你跟我老婆上床完事儿后，告诉我一声。"日常世界爆炸了。奥赫勋爵的母亲为他提供了一个典型形象，玛塞勒这个年轻单纯的人物就据此而来。当然，还有其他典型形象，但奥赫勋爵认为母亲是一个被经历击碎的女人。奥赫勋爵告诉我们，他写作是为了重新赋予记忆以生命，通过重塑记忆，使其无法辨认："在此毁形过程中，记忆获得了最为下流的意义。"[1]

"巧合"因此提供了线索，解释故事中各种场景和情绪

---

[1]　*Romans* 106; *Story of the Eye* 96.

的来源，但基本无法解释它们对文本其他成分的意义或关系。格拉内罗之死确系真实事件，但知道这一点并不意味着文本的其余部分，甚至这幕场景的其余部分，就一定是基于现实的。像奥赫勋爵那样强调这一点，只不过将此问题更清晰地呈现于读者的目光之下。到底什么是真实的？与之类似，奥赫勋爵提供的自传性细节似乎只是阐明了人脑深处心理分析的原始场景，正是这个原始场景创造了这个叙事。撇开其他不论，"巧合"证明了心理分析的方法在发挥作用：形象和场景在文本中已经或正在发生变形——被浓缩或替换。换言之，表面的情节是通过从一物到另一物的替换向前发展的，而非依据人物的心理动机。虽然叙事采用的是心理分析的方法，但叙事本身并不是心理学式的。如此一来，《眼睛的故事》戏仿的是心理分析的理论洞见和心理小说，因而戏仿了整个小说传统。这些事物和事件的来源和原意也许都不得而知。有别于那些为被解读而写成的传统小说，我们无法凭借任何一个诠释策略而轻易还原《眼镜的故事》的真相。如同《太阳肛门》，《眼镜的故事》中的世界是戏仿性的，而非某种诠释。[1]

---

[1] *OC* 1, 82; *Visions of Excess* 7.

第五章 无限戏仿

在《眼睛的故事》中，巴塔耶使用了与《太阳肛门》相同的分析和想象策略，即对立和颠覆。《眼睛的故事》经历了一系列越来越复杂的僭越行为。开篇，叙述者及其同伙西蒙娜都很单纯：但很快他们就亵渎了自己的单纯。之后，他们还亵渎了别人的单纯（玛塞勒的单纯），亵渎了家庭结构（体现于西蒙娜的母亲），亵渎了宗教（体现于唐·艾米纳多这个猪一样的牧师）。

另一种形式的僭越更为直接地体现在人物的描写和行为。如果资产阶级社会禁止裸体，那么裸体却在此得到展示。如果社会尊重逝者，那么逝者（尸体）在此却遭到亵渎。这类僭越性颠覆和反差生成了文本观念，构成了文本。如果西蒙娜的头发是深色的，那么玛塞勒的头发就必定为金色（对应她的单纯）。如果西蒙娜坐在白色牛奶中，就必定穿着黑色的连衣裙。如果西蒙娜在母亲（在"家人"）身上撒尿，必定从上往下尿（将尿液与阳光等同），因此必定在这样一间屋子爬行，即屋顶的椽子朝着她身下的空间开放。

僭越是对社会道德规范的亵渎。反差和颠覆生成了行动，也导致了文本和作为整体的文本世界的混乱无序、扑朔迷离。叙述者将玛塞勒锁在衣柜时，头戴雅各宾式样的红色帽子。在疯病初期,玛塞勒误将他认作红衣主教,但也将两人——牧师和牧师杀手——认作一人。[1] 在塞维利亚,最后的行动发生在一座教堂里,这座教堂由历史上的唐璜——米盖尔·马涅阿拉(Miguel Mañara)——忏悔并获得救赎后建成。西蒙娜在唐璜的墓上撒尿。唐璜死了并获得救赎,眼前这些下流的罪犯起了歹意,要亵渎他的救赎,亵渎他的死亡。冷漠的眼神、死者空洞的双眼反复刺激这些人的活力:这是一种超越享乐原则的色欲。如叙述者早前所说,他们第一次见到尸体时,"一片血肉模糊,既感到恶心,也觉得很美,这种恐怖与绝望与我们平常见到彼此的感觉相当类似。"[2]

从某些方面看,《眼睛的故事》中最令人叫绝的原创性发生于文本的表层。随着情节发展,这个故事明显有关一些外形类似物体,而非这些物体可能代表之物:一圆碟牛奶、一只鸡蛋、一只眼睛、太阳、一张白纸上的圆形尿渍、一头公牛的睾丸。西蒙娜坐在这碟牛奶中;她一屁股压碎鸡蛋并在上面撒尿;他将牧师的眼睛和公牛的睾丸放入阴道。浅

---

[1]　*Romans* 79; *Story of the Eye* 46.
[2]　*Romans* 52; *Story of the Eye* 5.

第五章 无限戏仿

色、圆形物体在西蒙娜的身体——肛门、阴道、嘴巴——中循环，也在整个文本中循环。

另一系列的物体绝非固态之物，而是液体或其他流动的物质：牛奶、唾液、精液、尿液、阳光。在《太阳肛门》中，巴塔耶将沐浴在阳光中的海洋——所有生命的生成之源——等同于"在阳具的刺激下变湿的"女人性器。[1]《眼睛的故事》明显属于色情作品，这迫使其所描述的世界以及描述世界的语言在所有层面上都呈现液态。例如，西蒙娜将公牛的睾丸塞入阴道，格拉内罗的眼睛被公牛刺穿，二者之间有着某种巧合；这种巧合又与"天空的尿湿"相互联系。[2] 每次僭越、每次变形、每次反差或颠覆都是以类似的液态变化为基础的。

表面上，巴塔耶的语言使用了一系列双关语和语言巧合，以摧毁和溶解文本。开篇第一页，西蒙娜发现盘子（assiettes）是可以坐（s'asseoir）的，于是立刻坐进了猫的牛奶碟。之后，叙述者问她如何理解小便（urinate）这个词，她回答说刻写（buriner），这纯粹是拼写上的联系，毫无深

---

[1] *OC* 1, 82; *Visions of Excess* 7.
[2] *Romans* 89; *Story of the Eye* 65.

度可言。文中的两个中心形象，眼睛（oeils）和睾丸（oeufs），也存在类似的关联；这种关联将第一个字母的形状与相应物体的形状联系起来。

超现实主义的自动写作将心理分析的思想运用于语言的讹误，追求一种无意识状态中产生的文学，一种更为深刻的真理。但巴塔耶的写作如同洛特雷阿蒙（Lautréamont）伯爵或雷蒙·鲁塞尔（Raymond Roussel），探索的是词语之间的、表层的隐秘关系。这种写作根本就不是自动生成的。这实际上是由多种因素决定的：事物被联系在一起，是通过各种反差，形状的相似性等；简言之，是通过一切深层意义之外的东西。对巴塔耶来说，写作就是纵情沉迷于无所显现的语言之中。

帕斯卡尔·皮亚（Pascal Pia）设计了这本书的封面，安德烈·马松以八幅未署名的平板画作为书中插图。1928年，勒内·博内尔（René Bonnel）出版了这本书，印数134本，书中隐去了出版商的名字。同年，博内尔还出版了路易·阿拉贡同样署以笔名的《伊莲》（*Irène*）。当时，根据订购而发行或私下交易的淫秽或情色作品，绝非仅有这些。这样的书也以豪华插图本和艺术书的商业模式发行，售卖给收藏家们。无论使用笔名与否，以如此少量的印数，在这样的人际圈出版的书籍基本都不是匿名的。这倒不是说每个潜在的读者都很了解巴塔耶，甚至与他有私人往来。使用笔名保护了巴塔耶——以及博内尔和马松——免遭迫害，而且使出版具有犯罪行为的诱惑力（实际也的确是违法的犯罪活动）。此外，作为国家图书馆的雇员，巴塔耶如果被判此罪，就会失去工作。无论使用笔名与否，《眼睛的故事》使巴塔耶成为一位具有惊人创造力的作家，同时也是阴郁恼人的作家。

可能在雷蒙·格诺位于马赛港附近德努埃特广场的工作室中，巴塔耶于1927年的某个时候见到了西尔维娅·马克莱斯（Sylvia Maklès）。他当时30岁，而她是19岁。西尔维娅有三个姐妹，分别是比安卡（Bianca）、西蒙娜（Simone）和罗斯（Rose），还有一个兄弟，名叫查尔斯。她的大姐比安卡去了医学院读书，并在那里碰到了安德烈·布勒东、泰奥多尔·弗伦克尔和路易·阿拉贡。1922年，比安卡嫁给了弗伦克尔，放弃了医学院的学业，成了一名演员（西尔维娅也有此愿望）。婚礼后，西尔维娅搬来与这对年轻的夫妇住在一起。似乎一切都尽如人意，西尔维娅很爱自己的大姐，但是弗伦克尔却爱上了西尔维娅。他曾几次挑逗引诱西尔维

巴塔耶第一任妻子西尔维娅·巴塔耶,在让·雷诺阿(Jean Renoir)1936年电影《乡村一日》(*Partie de Campagne*)中。

娅,造成的伤害足以让这个家庭解体。无论为了逃避现实,还是证明真爱,西尔维娅于1928年3月20日嫁给了乔治·巴塔耶。在位于巴黎郊区的库尔布瓦,米歇尔·莱里斯和西尔维娅的妹妹西蒙娜见证了这场婚礼。(妒火中烧的弗伦克尔拿起一把枪,冲到国家图书馆找巴塔耶。所幸的是,那天巴塔耶不在,弗伦克尔也有了平复情绪的机会。)西蒙娜最终嫁给了让·皮埃尔。而四妹罗斯则于1934年嫁给了安德烈·马松,更加巩固了所有相关人士的友谊。[1]

---

[1] 参见 Elisabeth Roudinesco, *Jacques Lacan* (New York, 1997), pp.122—124; Michel Surya, *Georges Bataille* (London, 2002), p.147。

第五章　无限戏仿

巴塔耶（右）在《乡村一日》中扮演一位神学院学生。

婚礼之后，巴塔耶从雷恩街85号与母亲合住的公寓中搬了出来。他与西尔维娅过了一两年居无定所的生活，不断从一所公寓搬到另一所公寓。但他们最终在巴黎郊区伊西莱穆利诺的克劳德·马塔大街3号定居下来。

自始至终，巴塔耶没有停止自己荒淫无度的夜生活：酗酒、赌博、嫖妓。我们对于他和西尔维娅的性生活一无所知（除了他们的女儿劳伦斯提供的一些材料）。1934年，二人婚姻破裂，巴塔耶和西尔维娅都在信中承认自己辜负了对方。但这并不意味着任何一方从传统意义上辜负了对方的要求（如一夫一妻制）。如果要评价乔治·巴塔耶及其伙伴们的生活，我们最好将这些传统的（至少一部分）要求放置一边。

僭越需要律令，但律令无须像传统那么严苛，无须那样严格执行。我们也不能低估了巴塔耶伙伴们（西尔维娅也是其中一员）的魅力、想象力或独立性。

第六章 异质学

巴塔耶每天夜里写作《太阳肛门》和《眼睛的故事》,白天与皮埃尔·德埃斯普泽尔以及让·巴伯隆在国家图书馆的币章部工作。德埃斯普泽尔和巴伯隆担任《林中仙子》(*Aréthuse*)的编辑,这是一本艺术学和考古学杂志,每年出版三期。1926年,他们邀请巴塔耶这位年轻的同事在其专业币章学——对已退出流通的钱币和勋章的研究——领域撰写评论和论文。巴塔耶的这些文章介于考古学、民族学、经济学和美学之间,从这些文章中可以看出巴塔耶整个研究生涯所关注的问题,但此时尚不能看出他在语言和思想方面的典型风格。1928年,为纪念首次在欧洲举办的前哥伦布时代艺术品展览,《文学、科学与艺术共和国纪要》(*Cahiers de la république des letters, des sciences et des arts*)编撰了一期专刊。在此专刊上,巴塔耶发表了一篇短文,题为《消逝的美洲》。此文中,巴塔耶特有的语言风格才开始得到公开展现。与

《林中仙子》杂志一样，皮埃尔·德埃斯普泽尔主编的《文学、科学与艺术共和国纪要》也向巴塔耶邀约稿件。

巴塔耶的朋友和老同学阿尔弗雷德·梅特罗当时已是拉丁美洲民族学领域的专家，他也给这期专辑以及展览会本身的组织投来稿件。巴塔耶对前哥伦布时代的文化略有所知，梅特罗向他推荐了其他一些参考资料。1928年3—4月，这名图书馆职员从国家图书馆借出了这些资料。其中最重要的有：W. H. 普雷斯科特（W. H. Prescott）的《墨西哥征服史》（*The History of the Conquest of Mexico*）和《秘鲁征服史》（*The History of the Conquest of Peru*）；贝尔纳迪诺·德萨阿贡（Bernardino de Sahagún）的《新西班牙器物通史》（*General History of the Things of New Spain*）。一共借了八本书，有的是一手资料，有的属于通史；有的是通俗读物，有的则是专业论著。1928年，这些还算不上是该专题的全部书目。但是，巴塔耶处理这些有限的材料，既与众不同，又具有奠基性作用。根据梅特罗的记述，巴塔耶根据社会价值的高下对这些目标文献进行了评估，并预测了未来民族学的发展趋势。[1] 这种方法无疑是

---

[1] Alfred Métraux, 'Rencontre avec les ethnoglogues', *Critique*, 195—196 (August-September 1963), p.628.

第六章 异质学

《厄洛斯的泪水》(1961)中复制的阿兹特克人献祭图。

尼采式的。

巴塔耶还在那个消逝的世界中发现了一个幻觉的领域，与他自己的别无二致；巴塔耶借此使历史服务于自己的生命，这又是尼采的方法。我们在批评他偏执，批评他过于热衷于解释以及不准确之前，应该记住巴塔耶不是历史学家和民族学家，也不是哲学家和临床心理学家。他的著述融合了莫斯、弗洛伊德、黑格尔、尼采和萨德的思想，形成了思考文学的新方法。他并不致力于提供新材料，而只提出新的解释，并以此为自己和读者提供新的经验。

在《消逝的美洲》一文，巴塔耶将印加古国的官僚文化——一种金光耀眼的文化——与阿兹特克人的极端兽性进行了对比。在他看来，循规蹈矩的印加人几乎没有产生过艺术上的光辉。而相反，阿兹特克人塑造了他们的神灵古怪邪恶的形象，这些塑像具有催眠作用，且令人恐惧。对此，巴塔耶与普雷斯科特观点一致。在巴塔耶悲观的想象中，阿兹特克人如此崇拜并享受生命，以至于崇拜并尊重死亡。他们的神以及代表和安抚这些神的物体和仪式拥有着模糊不定的力量；迪尔凯姆和莫斯都认为，这种力量是神圣的本质所在。虽然巴塔耶明显受到了这些权威学者的影响，但文中没有提到他们。他在历史上明确提到的人物仅有普雷斯科特和德萨阿贡。然而，他没有提到颓废派作家奥克塔夫·米尔博（Octave Mirbeau）和萨德侯爵。"光天化日之下不停犯罪，只是为了满足被神化的噩梦，恐怖的幻觉！不仅是历史事件，牧师们的人肉餐食——流着血的尸体仪式——使人想起了萨

第六章 异质学

德侯爵的插图所描绘的露骨之淫。"[1] 巴塔耶用于解释的想象力将事实推入了虚构的领域：他的语言对选题的挑战，到了无以复加的地步。对巴塔耶而言，夸张既是策略，也是恶行（他后来因为解释中的夸大无度而屡遭指责）。巴塔耶认为，阿兹特克人并未从意志的较量中败下阵来，他们迷恋一种荒诞的戏剧性视角。然而，"死亡对于阿兹特克人而言不值一提"。[2]

在巴塔耶的整个学术生涯中，阿兹特克人始终在其想象中挥之不去。他们再次出现于《文学、科学与艺术共和国纪要》（第二年的第四卷）和一篇十年之后的文章《神圣》（'The Sacred'）；他们在《被诅咒的部分》（*La Part Maudite*）成为最具说服力的核心例证，与那些凌迟的图片一起出现在最后一部作品《厄洛斯的泪水》的结尾。阿兹特克人对他的重要性如何强调都不过分，但从历史来看，阿兹特克人是极其反常的。

巴塔耶在《林中仙子》杂志刊登文章，撰写有关阿兹特克人的论文。鉴于这些初期的学术表现，乔治·维尔登施泰

---

[1] *OC* 1, 152.
[2] *OC* 1, 157.

因(Georges Wildenstein)——著名的《美术公报》的出版商，早期经营绘画大师作品的艺术商——决定创办一份刊物，并由巴塔耶担任主编。皮埃尔·德埃斯普泽尔也为刊物的创办发挥了作用，他无疑认为该刊是《林中仙子》杂志的延续和拓展。巴塔耶提议将新刊定名为《文献》(*Documents*)，这样不会引起争议。[1]

刊物副标题在办刊第一年为"教义、考古、艺术、民族学"；第二年"教义"被改成了"品类"，这标志着刊物的议题发生了重大转变。巴塔耶的名字在刊头被标注为"秘书长"，但他实际做的是编辑的工作。著名艺术史家卡尔·爱因斯坦(Carl Einstein)有着主编的头衔，并且是主要撰稿人，但巴塔耶的眼界决定了办刊导向。

《文献》涉及好几个学科领域，这些领域在20世纪20年代末都正在经历方法论和合法性的危机。《文献》以民族

---

[1] 关于《文献》，特别参见 Georges Didi-Huberman, *La Ressemblance informe ou le gai savoir visuel selon Georges Bataille* (Paris, 1995); Denis Hollier, "The Use Value of the Impossible", in Hollier, *Absent Without Leave* (Cambridge, 1993); Michel Leiris, "From the Impossible Bataille to the Impossible *Documents*", in Leiris, *Brisées: Broken Branches* (San Francisco, 1989); Conor Joyce, *Carl Einstein in Documents* (Philadelphia, 2002); 进行严格艺术史探究和拓展，参见 Yve-Alain Bois and Rosalind Krauss, *Formless: A User's Guide* (New York, 1997)。

第六章 异质学

《文献》封面，
1929年第6期，
巴塔耶编辑。

> **DOCUMENTS**
>
> **ARCHÉOLOGIE
> BEAUX-ARTS
> ETHNOGRAPHIE
> VARIÉTÉS**
>
> **6**
>
> Magazine illustré
> paraissant dix fois par an
>
> Carl EINSTEIN. Tableaux récents de Georges Braque. — Georges BATAILLE. Le gros orteil. — D' Henri MARTIN. L'art solutréen dans la vallée du Roc (Charente). — Dessins inédits d'Ingres. — Marcel GRIAULE. Totémisme abyssin. — Le trésor de Nagy-Szent-Miklosz. — Alejo CARPENTIER. La musique cubaine.
> Chronique par Jean Babelon, Jacques Baron, Georges Bataille, A. Eichhorn, Carl Einstein, Marcel Griaule, Michel Leiris.
> Photographies de Jacques-André Boiffard et Eli Lotar.
>
> PARIS. 106, B⁴ Saint-Germain (VI⁴)

学挑战美术传统，又以艺术史挑战民族学。民族学使艺术客体的领域变得扁平化，赋予所有的工艺品同等的价值，而艺术史却将某些物品和实践置于更高的地位。艺术批评中的美学取向将物品从其所属世界中隔离出来——仅仅专注于这些物品的形式特征——而民族学却坚持认为，物品只有在其被使用的文化语境中才能获得价值；形式主义对于民族学而言毫无用处。《文献》融汇了这两种方法，记录生活的所有方面，认可一切事物。

《文献》的撰稿人包括相关领域的一批杰出人物，有些在当时已很有名望，另一些则是冉冉升起的明日之星：让·巴伯隆、皮埃尔·德埃斯普泽尔、乔治·亨利·里维埃（Georges Henri Rivière）、保罗·里韦（Paul Rivet）、马塞尔·格里欧拉（Marcel Griaule）、安德烈·谢夫纳（André Schaeffner），有一期中出现了一位年轻人——克洛德·列维-斯特劳斯（Claude Lévi-Strauss，笔名 G. Monnet）。渐渐地，又一批作者和摄影师越来越多地出现在刊物之中：大多是流亡的超现实主义者，他们中大多数已被逐出超现实主义团体，并在 1929 年第二次超现实主义宣言中受到批判。和皮埃尔·德埃斯普泽尔、让·巴伯隆一样，他们也是巴塔耶的朋友，但都是来自完全不同世界的朋友（即安德烈·马松位于布洛梅大街的画室）：米歇尔·莱里斯、乔治·兰布尔、雅克·安德烈·布瓦法尔（Jacques André Boiffard）、罗杰·维特拉克（Roger Vitrac）、罗伯特·德斯诺斯（Robert Desnos）。《文献》融合了巴塔耶的白天和夜晚这两个迥然不同的世界。

这份刊物的内容涉及领域众多，甚至超过了副标题中

第六章 异质学

一长串词所标明的多个领域：从洞穴岩画到当下的艺术实践史；对于民族学和艺术史的方法论思考；对批评界尚未涉足领域的初次尝试，如爵士乐；以及那些越发难以归类的东西（刊物正是以此闻名）。刊物的跨学科议题在卡尔·爱因斯坦《安德烈·马松：一个民族学研究》（刊于第二期）这篇文章的标题中得到了归纳。从刊物发表的文章和刊登的图片来看，马松也被视为当代艺术界的杰出代表；此外，还有贾科梅蒂（Giacometti）、莱热（Léger）、米罗、达利、阿尔普（Arp）、格里斯（Gris）、德基里科（de Chirico）、里普希茨（Lipchitz）、布拉克（Braque）等。第二年，《文献》用整整一期版面专门讨论毕加索（第三期）。像德拉克鲁瓦（Delacroix）这样成名艺术家的作品与那些不再流行但属于经典的作品——例如，几乎被人遗忘的风格主义艺术家安托万·卡龙（Antoine Caron）的作品，以及物质文化——包括币章学——的那些研究对象，被放在一起思考。

在《文献》中，巴塔耶集聚了那些势同水火的激进派和保守派人物（虽然这种状况并未持续多久），既有受人尊敬的长者，也有目中无人的青年，他们来自众多互相敌视的学科，各自基本方法和研究取向迥异。几乎从第一期开始，两派势力剑拔弩张，对巴塔耶的办刊路线也非常不满，刊物面临四分五裂的危机。刊物原计划每年出版十期，但最后一共只刊出了十五期。最后，在德埃斯普泽尔的建议下，维尔登施泰因停止了资金支持。这个刊物不仅在当时是一件不太可能做成的事情，即便在今天，如此跨学科的尝试也是难以想象的。

有关巴塔耶作为编辑如何控制刊物这一点，我们所知不多，只能凭借想象。编辑工作是另一种意义上的写作，巴塔耶对此非常清楚。从刊物几乎每一页的文章和插图中，我们都可以清楚地看到巴塔耶的兴趣所在。他的兴趣虽然极具其特有的个人风格，但同时非常具体，涉猎非常广泛。巴塔耶从特定的撰稿人那里邀约稿件，他们将自己的风格、专业和兴趣带入了这份刊物。《文献》随时可以偏离那些重叠交汇的议题，而这种不稳定性恰恰是巴塔耶确定想要达到的效果。对此，莱里斯评价道："在巴塔耶的主持下，那些观点偏激、互不相容、甚至招惹是非的文章很快就不仅是研究对象，而成为刊物本身内在的特色。"[1]

《文献》第二期首次推出了《批评词典》，由不同的作

---

[1] Leiris, *Brisées: Broken Branches*, p.242.

第六章 异质学

者撰写条目，但大部分由巴塔耶和莱里斯编写。[1] 莱里斯之前做过类似的工作，在 1925 年《超现实主义革命》(*La Révolution Surréaliste*) 第一期上发表了《词汇表：我的注释词的骨瓮》：文章包含了莱里斯从个人和诗学角度对于 75 个单词的解释。[2] 如巴塔耶在"formless"一词的定义中所解释的那样，"如果词典不再能够提供单词的意义，而只是其功能时，它就开始出现了"。[3]《批评词典》提出了对语言进行本质为民族学的研究。这种研究是根据巴塔耶在《眼睛的故事》中探索的语言模式。《眼睛的故事》中，词语通过与其拼写雷同的其他词语（如 *oeils* 和 *oeufs*）的近似性，或者通过指向近似的物体（如圆形物），能够偏离他们的定义。巴塔耶之后特别将此论题加以拓展，写出了篇幅更长的文章：其中一篇讨论《大脚趾》("The Big Toe")，另一篇则是为毕加索专刊撰写的文章——《腐烂的太阳》。《批评词典》中的条目并未以字母顺序排列，也未因循任何规则。它完全凭

---

[1] Alastair Brotchie, ed., *Encyclopedia Acephalica* (London, 1995) 再版了《批评词典》的英译本。

[2] 参见 Leiris, *Brisées: Broken Branches*, pp.3—4, 61—62 注释。《词汇表》再版于 Michel Leiris, *Mots sans mémoire* (Paris, 1969)。

[3] *OC* 1, 217; *Visions of Excess* 31.

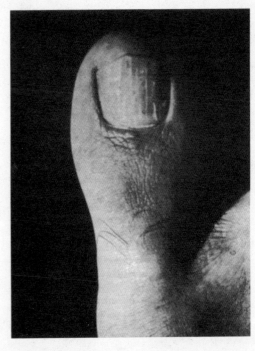

一个人的大脚趾,雅克·安德烈·布瓦法尔拍摄,复制在《文献》1929年第6期。

借个人喜好编写,所遵循的原则是:打破秩序,其本身就是无序的。[1]

《文献》还以惊人的方式使用图片。很多只是相关文章

---

[1] 奇怪的是,*Encyclopedia Acephalica* 以字母顺序编写"字典",因此颠覆了它所欣赏的这个设计。

第六章 异质学

的插图：民族学图片、物质文化、传统的绘画。如果一篇文章涉及一位现代艺术家，通常会配以大量精选的照片，对文字进行说明。巴塔耶的很多稿件都很倚重插图的作用。他的文章《卑俗物质主义与诺斯替教》显然属于币章学研究，讨论古代勋章和钱币上的诺斯替教诸神的再现问题。巴塔耶曾以卡尔·布洛斯费尔茨（Karl Blossfeldt）拍摄的照片作为《花的语言》（第三期）的插图，这些颇有视觉冲击力的图片因此展现出属于自己的生命。同样，在《大脚趾》（第六期）中，雅克·安德烈·布瓦法尔拍摄的大脚趾特写镜头似乎将这些脚趾从必然相连的身体上切割开来。隔了几页，拉维莱特屠宰场的图片上整齐排列的是砍下的马蹄。所有图片都以自己的方式呼应了巴塔耶后来的文章——《牺牲性自残与文森特·梵·高被割下的耳朵》（第八期）。

1930年2月17日，巴塔耶在索邦大学旁听了俄国电影制片人谢尔盖·爱森斯坦（Sergei Eisenstein）的讲座。在爱森斯坦看来，具体的图片既以构图的方式（即在一个既定框架内），又通过蒙太奇影响观众，并由此激发抽象的思想。[1]

---

[1] 爱森斯坦的讲座参见 Eisenstein, *Writings, 1922—1934* (London, 1988), pp.195—202, Sergei Eisenstein, "The Principles of the New Russian Cinema"。

巴塔耶在文章《自然的背离》("The Deviations of Nature")（第二年的第二期）提到了这次讲座，还复印了爱森斯坦作品中的照片。对巴塔耶来说，"通过形式（如爱森斯坦的方法）表达的哲学辩证法可能表现出神启的价值，并能表现出重要的人际关系"。[1]在《文献》中，如爱森斯坦所为，图像通过形式提出论点。图片也通过与文本的关系提出论点。《文献》以惊奇的方式将图片并置一处，从而搅扰了图像的证据和档案功能，虽然这些功能并未完全消失。任何文本和图像都不是孤立存在的，尽管所有的文本和图像似乎都要冲破或跳脱别的文本和图像，通过蒙太奇的手法对意义和指称提出质疑。

巴塔耶刊登于《文献》的文章主要围绕两大主题：唯物主义和理想形式批判（尤其是对人类的批判）。在他看来，唯物主义思想（无论是马克思主义的，还是其他类型的唯物主义）迄今为止还不够唯物主义；每个人类个体的独特性要求我们抛弃任何人类的理想形式这一概念。这两个主题都是反尼采的，虽然巴塔耶对二者的特殊改造在很大程度上源于他对萨德侯爵作品的阅读。

---

[1] *OC* 1, 230; *Visions of Excess* 56.

第六章 异质学

在《批评词典》中的"唯物主义"词条中,巴塔耶开头写道:

> 虽然所有的唯物主义者都想去除精神实体,并最终提出某种有关事物的秩序,但这些事物的等级关系表明这个秩序显然是一种唯心主义。在他们看来,僵死的物质位于由不同事实构成的传统等级关系的顶端。但他们并未意识到,如此一来,他们便坠入了物质的理想形式这一偏执观念,即某种形式比其他形式更接近物质的应然状态。实际上,僵死的物质、纯粹思想和上帝以同样的方法回答一个问题……这是一个只有哲学家才能提出的问题、一个有关事物本质的问题;准确而言,这个问题就是赋予事物以意义的思想。[1]

换言之,唯物主义在物质中发现了理想,而这一发现模糊了物质必然逃离思想这一本质。对巴塔耶而言,"唯物主义首先是对所有唯心主义的否定,这最后谈论的是所有哲学的根基。"[2] 这里我们又一次发现,巴塔耶不是哲学家,他也无

---

[1] *OC* 1, 179; *Visions of Excess* 15.

[2] *OC* 1, 220; *Visions of Excess* 45.

意成为哲学家。哲学家是那些知识渊博的男人和女人,而巴塔耶却是个胸怀世界的人。巴塔耶提出了卑俗物质主义,这是一个有关卑俗物质的概念,与人类理想主义的志向格格不入、大相径庭。卑俗物质"拒绝沦为(源于此等志向的)本体论巨大机器"。[1] 在《卑俗物质主义与诺斯替教》一文中,巴塔耶说:"我完全接受必被称作物质之物,因为此物质存在于我自身以及思想之外。"[2] 卑俗唯物主义是指物质的侵蚀性意义;在此意义中,形式发生毁灭。他写道:"形式只能被定义为非逻辑性差异;在与宇宙经济学的关系中,它再现了犯罪在与法律的关系中所再现之物。"[3] 他说:"宇宙与一切都无相似之处,它是无定形的。"[4]

巴塔耶的卑俗唯物主义在很大程度上继承了萨德侯爵的唯物主义思想。萨德描述了一个巨大的、极其中性的自然;在其中,人类为物欲所控制。人类身处自然之中,但并不归属自然。人类的兽欲当然是独一无二的,发生于时间和空间的独特时刻。萨德对每个个体独特性的理解富于洞见,成为

---

[1] *OC* 1, 225; *Visions of Excess* 51.

[2] *OC* 1, 225; *Visions of Excess* 50.

[3] *OC* 1, 319; *Visions of Excess* 129.

[4] *OC* 1, 217; *Visions of Excess* 31.

其伦理学根基所在，虽然这样他就把人文主义思想连根拔起。巴塔耶在此又一次追随了萨德。《自然的偏离》("The Deviation of Nature")一文——配有18世纪畸形学研究的图片——否认任何理想的人类形式这一观念，不管该形式是通过合成摄影还是数学公式而被发现，因为"每个个体形式都会逃离共同的尺度，因此个体在某种程度上就是怪物"。[1]"人脸"带着嘲笑分析旧时的结婚照片。有别于（比方说）古希腊雕像，旧照片再现的是具体的个人，通常衣着鲜艳且姿态生硬。目视旧照片所产生的感觉并非人类的延续性，而恰恰相反。我们能够意识到照片所拍摄的个人当然都是人类的个体，而且我们甚至可能与他们有某种关联，但我们无法完全认同他们，无法完全认同他们的服装和行为。从这个角度解释，旧照片所拍摄的是返祖怪物的举止和衣着、畸变形式和异常身形。[2] 巴塔耶并非一味否定人文主义，而是盛赞独特性，即怪异性。

作为这些主题的延续，巴塔耶在诺斯替教徒之中发现了自己的守护神，一种无头之神，且在描述中常被赋予驴或

---

[1] *OC* 1, 230; *Visions of Excess* 55.

[2] *Documents*, 4; Brotchie, *Encyclopedia Acephalica*, pp.99—106.

其他动物的脑袋。根据巴塔耶的解读，驴是"最丑陋滑稽的动物"，同时又"最具人类的阳刚之气"；这个诺斯替教之神——太阳神驴——是一种会叫的动物，"叫声滑稽可笑，又撕心裂肺，象征着对强势的理想主义的无耻反叛"。[1] 这样的叫驴在巴塔耶所有的作品中都能听到，在阿塞法勒这个秘密社团中听得最为直接。

除了负责《文献》的编辑，巴塔耶还在进行其他几项工作。他继续撰写有关太阳神话的文章和书稿——《太阳肛门》《杰苏弗》和《松果眼》——这些迄今都未发表。发表于《文献》的几篇文章是用《松果眼》的文稿整理而成，反之亦然。1931 年《文献》停刊之后，《太阳肛门》终于出版，首印一百一十二册。

另一部作品与《眼睛的故事》有着独特的联系。曾促成了《眼睛的故事》出版的帕斯卡尔·皮亚此时答应帮助巴塔耶出版《色情年鉴》（*Erotic Almanac*）。曾为《眼睛的故事》创作插图的安德烈·马松此时为萨德侯爵的《朱斯蒂娜》（*Justine*）提供了一些插图。莫里斯·海涅（Maurice Heine）曾于 20 世纪二三十年代几乎以一己之力重新出版了萨德的

---

[1] *OC* 1, 221; *Visions of Excess* 46, 48.

第六章 异质学

作品。此时，他将萨德一部未出版的作品交给巴塔耶，用于《色情年鉴》。乔治·兰布尔写了一则短篇故事；米歇尔·莱里斯则写了一篇自传性文章——文章如同一颗萌芽的种子，后来拓展成为《成人时代》（*L'Age d'homme*）一书。（莱里斯在"致谢"中将《成人时代》献给巴塔耶。）巴塔耶本人为丛书作序，序文标题为《萨德侯爵的使用价值》。1930年，世界经济危机席卷法国，豪华精装本图书销售一落千丈，《色情年鉴》的编写计划也落空了。[1] 然而在巴塔耶生命的最后时刻，这个出版项目最终以诸多形式重新回归。

《萨德侯爵的使用价值》"以惊人的创造力融合了迪尔凯姆和莫斯、弗洛伊德和鲁道夫·奥托（Rudolf Otto）、马克思和恩格斯、尼采和萨德。文章总结了巴塔耶至20世纪30年代所产生的影响，为之后的作品打下了基础。文章以公开信的形式再现了在《太阳肛门》《杰苏弗》和《松果眼》中探讨的太阳神话的生命力；同时提出了社会分析甚至宇宙分析的方法，他称此研究领域为异质学（Heterology）。

文章提出了物质的形式和过程与认识的形式和过程的二元划分：相互渗透的思想和事物。动物，包括人类，发现物

---

[1] *OC* 11, 572; *The Absence of Myth* 31.

质与其自身或相似或不同，或同质或异质（这些概念来自迪尔凯姆）。同质的世界是我们所熟悉的、能够识别的世界，是知识的潜在对象。这些对象是有用的，如我们饮食中的营养、工具盒中的工具、语言中的词汇。与之相反，异质对象是我们所不知道、不理解的世界，是没有用处的。在实际过程中，这两个领域处于动态变化之中，彼此相互开放。同质系统需要能量和信息保持自身的形式：它试图吸纳和综合异质领域中的对象。但有些事物无法被综合，它们抵制吸纳：如同一些食物因无法被吸收而必须从身体中排出，那么有些事物也必须从系统中被排出。其他一些事物因为过于复杂和可怕，我们也不愿吸纳。我们会选择与之保持距离，敬而远之，承认它们与我们的绝对差异，在由此距离显现的界限中看待自己。因此，同质领域的边界是由两个异质领域决定的：一个领域高得令人头晕目眩，另一个则低得叫人作呕。

因此，人类身处一个二分为已知和未知领域的世界中。我们的身体需要驱使我们在这个世界中获得食物和信息。哲学家和科学家则要利用这个世界，使其趋于理性，他们制造我们需要的工具去驯服世界。于是，工人使用这些工具，农民耕地。由此看来，诗人则提出语言共性，以此解释世界：

意义的话语、讨论事物的方法，他们是语言的哲学家。但世界本身——物质——一直以来都超越意义，超越再现，超越同质。所指总是超越词汇的范围。物质总是发生于意义的冗余之处。形式的辩证法是一种否定的辩证法，形式在其中最终无法相互衔接。

《萨德侯爵的使用价值》所提出的正是一个与此飘忽不定的物质周旋的研究领域。作为一个研究异质材料、欲望、词语、思想的领域，异质学无意复原其研究对象，而是研究它们的效用，追踪它们穿越宇宙的路径。因此，异质学反对哲学的体系建构，如同其反对诗学寻求平衡与和谐。异质学在某种形式的"思想粪便学"中达到其顶点，或曰"一阵大笑"，将还原式诠释驱逐出哲学思辨。异质学发声，只是为了展现词语的界限。异质学也形成了某种政治学的基础：其中，有用行为的领域从革命欲望、宗教破坏或财富挥霍的领域中分离出来。

这篇文章的标题极具讽刺意味。在巴塔耶看来，萨德的作品没有使用价值，不能被同质化。他的作品并非从文学角度再现同质领域，不能从此角度去欣赏；他的作品也无法充当可操作的哲学世界观。从哲学意义而言，萨德的构想是对唯物主义能量——欲望、自然——的无限肯定，它使生命本身从属于物质;在其所创造的世界中,自我和社会毁灭是自然普遍的事态:纯粹自我毁灭本能的幻想。当然,这种对于萨德的解读与对"神圣侯爵"的超现实主义解读有着天渊之别。对超现实主义者来说,萨德是所有形式的自由的终极化身。似乎只有巴塔耶明白那到底预示着什么,他已经把这个异质对象——萨德——纳入了自己的思想生命中,使自己的作品同样缺乏功用。在五年后写成的《正午的蓝色》中,巴塔耶的叙述者告诉一位业余文学爱好者克赛尼(Xenie):"崇拜萨德的人都是骗子。"[1]此时,他心中想到的肯定是那些超现实主义者们。

---

[1] *Romans* 150; *Blue of Noon* 68.

第七章　粪便哲学家

1929年12月15日，在《超现实主义革命》第12期，安德烈·布勒东发表了第二份超现实主义宣言。[1] 第一份宣言发表已过去五年，这场运动此时风头正劲，同时也千疮百孔。在过去两年中，布勒东、艾吕雅、阿拉贡都出版了作品，奠定了自己的声誉：布勒东的《娜嘉》(*Nadja*)、《超现实主义与绘画》(*Surrealism and Painting*)；艾吕雅的《痛苦之都》(*Capital of Pain*)、《爱情、诗歌》(*Love, Poetry*)；阿拉贡的《巴黎农民》(*Paris Peasant*)。他们也加入了共产党，这既激励了这群人，也导致了他们的分裂。一度曾占据中心的那些成员现在遭到了公开无情的排斥。菲利普·苏波、罗伯特·德斯诺斯、乔治·兰布尔、安托南·阿尔托、罗杰·维特拉克、马克斯·恩斯特、霍安·米罗等人都遭到

---

[1] 参见 André Breton, *Manifestos of Surrealism* (Ann Arbor, 1969)。

驱逐。第二份超现实主义宣言充当了某种手段,借以审视这些排斥事件,并为这个近期被政治化的团体重新确定发展方向。令人吃惊的是,在这么一篇大多为人身攻击的宣言中,布勒东将矛头最多地指向了乔治·巴塔耶。宣言结尾深刻且极为负面地陈述了一些原则,与巴塔耶的作品针锋相对。

令人吃惊的是,巴塔耶从未成为该团体的成员。他也从未有意加入其中,虽然他的挚友多数都是其中的成员。此外,还使人吃惊的是,巴塔耶至此所发表出版的作品很少——刊登于《文献》的几篇文章以及《眼睛的故事》(对此,布勒东并未提及)。然而,对巴塔耶的攻击也并非空穴来风,如他自己所说,这个超现实主义团体旧日的几位成员现在与巴塔耶一起负责《文献》杂志的工作。通过攻击巴塔耶,布勒东能够打击莱里斯和马松、兰波和德斯诺斯以及其他人等。布勒东认为巴塔耶是这个分裂出来的小团体的头目(虽然这一团体并不存在),而巴塔耶此时尚未成为号令一方的人物。最后,布勒东攻击巴塔耶的要点在其唯物主义思想,因此攻击巴塔耶就成为一种手段,借此手段可在唯物主义哲学的基础上使超现实主义迎合共产党人。

根据布勒东的解读,巴塔耶的唯物主义未能完成黑格尔

第七章 粪便哲学家

的综合过程：仅仅认识到思想领域和物质领域之间的对立关系，但未能看到物质形式中的理念，因此未能对否定进行否定。当然，布勒东本人没有能够理解巴塔耶对于唯物主义哲学的批判。布勒东回忆了巴塔耶的一幅画面，其中萨德侯爵正从一朵玫瑰花上扯下花瓣——一幅物质转换的画面——布勒东只想以此说明，不管有没有花瓣，玫瑰总是玫瑰：这证明了布勒东未能理解巴塔耶对于词语和定义的批判。布勒东认为巴塔耶的作品"在哲学上模糊不清"，具有"帕斯卡尔主义特征"，而且"在诗学上空洞无物"。对布勒东而言，巴塔耶没有充分重视理性的价值，因为他认为任何对理性的攻击都需要理性的工具，而任何对交流的攻击本身也是一种达成交流的尝试。最后，布勒东全盘否定了巴塔耶，诊断其患有病态的精神衰弱：称其为"粪便哲学家"，痴迷于堕落和腐朽。

对于布勒东的责难，巴塔耶以多种方式予以回应，其中一次回应可谓针锋相对而且迅速及时，其他的回应虽同样直接，但并不及时，拖至数年甚至数十年之后。在短期之内，巴塔耶作为回应写了几篇针锋相对，偶尔还措辞激烈的文章。从长期而言，他终其一生都没有停止有关——以及针对——超现实主义的写作。实际上，巴塔耶的很多作品都可被解读为他针对超现实主义的挑衅做出的复杂而机敏的回击。他定期就新出版的超现实主义作品撰写评论，他的很多重要作品——《正午的蓝色》《内在体验》和《厄洛斯的泪水》——都明显与超现实主义相关。对巴塔耶来说，安德烈·布勒东以及第二次世界大战之后的让-保罗·萨特都是优先考虑的他者。[1]

然而更为直接的是，在巴塔耶的推动下，一本谴责布勒东的宣传册最终出版。这本名为"一具尸体"的手册戏仿了超现实主义派于1924年用以谴责阿纳托尔·法朗士（Anatole France）的同名手册。提出这一想法的是罗伯特·德斯诺斯，当时他和巴塔耶正坐在双叟咖啡馆外面。巴塔耶又邀约了另外几篇稿件，并争取到了乔治·亨利·里维埃的赞助。可当一切就绪之时，德斯诺斯却打起了退堂鼓，担心他们的反击可能会扩大布勒东的知名度。但为时已晚。雅克·安德

---

[1] 迈克尔·理查德森（Michael Richardson）所编的巴塔耶"超现实主义论著"——《神话的缺席》（*The Absence of Myth*）因此就更加言不由衷了。理查德森将巴塔耶零散的文章编成一本"书"，在巴塔耶和超现实主义之间强行建立了子虚乌有的联系。其次，理查德森将巴塔耶的这部分著述冠以"超现实主义论著"之名，从而切断了巴塔耶其他著述与超现实主义明显存在的联系。巴塔耶的著述经常是与超现实主义针锋相对的，但他并未使自己成为一名超现实主义者。我们接下来还要进一步探讨这个问题。

第七章 粪便哲学家

烈·布瓦法尔完成了一张布勒东的头戴荆冠的拼贴相片。米歇尔·莱里斯、乔治·里伯蒙-德塞涅(Georges Ribemont-Dessaignes)、罗杰·维特拉克、雅克·普雷韦(Jacques Prévert)、马克斯·莫里斯(Max Morisse)、乔治·兰布尔、雷蒙·格诺、阿莱霍·卡彭铁尔(Alejo Carpentier)以及(最终被说服的)德斯诺斯都撰写文章,严词抨击布勒东。巴塔耶在文章中称布勒东是"被阉割的狮子""阉牛""长有基督脑袋的旧式唯美主义者和虚伪的革命者""教皇"。最后,他又为这番话感到后悔。[1]

此外,巴塔耶还以另一种写作回应指责,这类文章虽不那么针锋相对,但言辞犀利程度并不逊色多少。《"老鼹鼠"以及"超人"(Surhomme)和"超现实主义者"(Surrealist)中的前缀"Sur"》《萨德侯爵的使用价值》和《对黑格尔辩证法基础的批判》都属这类文章。这些文章与超现实主义展开对话,将其置于其他话语和论辩之中:其中包括尼采、萨德和黑格尔。巴塔耶抨击对方观点时往往拐弯抹角;言语措辞也是模棱两可,这是借自希腊神话的策略;他的敌人的敌

---

[1] 参见 The Castrated Lion 及 Notes on the Publication of "Un Cadavre", *OC* 1, 218 ff.; *The Absence of Myth* 28—33。

人就是朋友。

在写于20世纪30年代末并拟刊登于《比弗》(*Bifur*)的《"老鼹鼠"以及"超人"(Surhomme)和"超现实主义者"(Surrealist)中的前缀"Sur"》中,巴塔耶主张一种马克思式的卑俗唯物主义(他从马克思那里引用"腐朽是生命的实验室"这句话),而反对超现实主义(他称之为:"卑俗唯物主义的幼稚病")。[1] 巴塔耶撰写此文的同时还在写《牺牲性自残与文森特·梵·高被割下的耳朵》,并从中借用了一些术语;巴塔耶对比了唯物主义者的辩证法(渴望在普罗米修斯式革命中盗取天火)与唯心主义者(指超现实主义者)的辩证法(毫无关联地游离于世界的上方)。超现实主义为文学而生,为无关紧要、不切实际的诗性语言而生。巴塔耶与(布勒东厌恶的)尼采观点一致,赞美上帝死去后产生的革命性笑声,一种涤荡了社会和语言等级的笑声。

结果,文章尚未刊印,《比弗》就宣告停刊。于是,巴塔耶撤回了稿件,他也许已经认识到历史唯物主义是不能接纳卑俗唯物主义的。一年之后,在巴塔耶写给《社会批判》(*La Critique Sociale*)的首篇文章《对黑格尔辩证法基础的批

---

[1] *OC* 2, 93; *Visions of Excess* 32.

第七章 粪便哲学家

判》（与雷蒙·格诺合著）中，历史唯物主义的唯物立场成为巴塔耶的论题。巴塔耶和格诺在文中指出，黑格尔（和马克思）著名的"否定之否定"论实际并不适用于自然的过程，即辩证唯物主义中物理的物质过程。恩格斯多年思索这一问题，清楚这个问题对于马克思思想的核心涉入至深。巴塔耶和格诺对此认识提出了挑战，但同时也从根本上消解了布勒东对他的责难。

1930年1月15日，玛丽-安托瓦妮特·巴塔耶——巴塔耶的母亲——去世。儿子在母亲的尸体旁守灵祈祷。他的妻子已在隔壁房间入睡。西尔维娅当时已怀有巴塔耶的第一个孩子（他的女儿劳伦斯将于6月10日出生）。巴塔耶在《小不点》(*Le Petit*)中写到了那个夜晚；在"附记"表达了悔恨之意后，叙述者路易·特伦特接着说道："深夜，在母亲的尸体旁，我猛地脱光衣服，一丝不挂。"[1] 之后，他立即对这句话的实情作了修正。母亲去世两年前，恰好巴塔耶生日那天晚上，母亲恰好外出，巴塔耶在她的公寓中，在她的床上举行了一次狂欢会。看着她的尸体，那次狂欢的记忆点燃了他

---

[1] *Romans* 364; *Story of the Eye* 99.

的欲望。但烛光中，这个死去的女人脸色惨白，纹丝不动，而他在恍惚间也动弹不得。他欲火中烧，却无处发泄，于是躲进厨房解决去了。之后不久，他就此作了记录。[1] 文中并未提到，他有孕在身的妻子正睡在旁边。

在《正午的蓝色》中，叙述者在两个不同的场合陈述了几乎同样的事件。他告诉了拉扎尔（Lazare）和克赛尼，显然为了考验他们的友谊，同时面对他们明显的厌恶而一筹莫展。在故事的第一个版本中，他没有说明这是谁的尸体：她只是一个蜷缩着的老女人。[2] 在第二个版本中，这具尸体就是他的母亲，他蠢蠢欲动，又感到恐怖，一种恍惚的感觉。[3] 这两个版本都不承认叙述者与现实生活中的"第二自我"（alter ego）无法满足其欲望，二者将欲望之源定位于那次狂欢的回忆，而非这具尸体的肉身和状态。两个版本都强调这一行为的暧昧性，即叙述者对尸体既迷恋又厌恶。两个版本都强调这具尸体同时具有恐怖感和诱惑力。简言之，这部小说为了文学的目的，清楚说明了这一事件。

当然，恋尸癖看起来是《眼睛的故事》中的主题，甚至

---

[1] Georges Bataille, 'Le Cadavre maternel', in *OC* 2, 130.
[2] *Romans* 130; *Blue of Noon* 38.
[3] *Romans* 156; *Blue of Noon* 76.

第七章 粪便哲学家

比《正午的蓝色》中那两个版本的故事所暗示的主题还要宽泛。所有的色情最终都超越了快感原则：将实践者带入自我迷失的状态，一种"极乐死亡"。恋尸癖展现了一具冷漠的尸体，以之作为身份认同的场域，认同一位执意超越这个世界有限快感的色情伴侣；由此，恋尸癖将色情带入了一种极端状态。除了自杀之外，认同死者可能最接近于死亡冲动所要求的自我迷失。

巴塔耶在萨德的《新朱斯蒂娜》(*La Nouvelle Justine*) 中读到了恋尸癖的内容。1931 年——因此是在母亲恋尸癖发生之后——他在克拉夫特-埃宾（Krafft-Ebing）的《性精神病态》(*Psychopathia Sexualis*) 中又读到了相关内容。[1]之后，他在很多（如果不是大多数）有关色情的作品中继续讨论这一话题。由此事件所示，如果将记忆与欲望融合，我们能不能说此例中巴塔耶的行为是真正的恋尸癖呢？《正午的蓝色》的叙述者将自己归入恋尸癖者之列，但是只凭巴塔耶纵情色欲的人生中的这一孤立事件，我们对其本人不能作同样的论断。但这一事件却证明了巴塔耶乐于探讨所有色情的表现形

---

[1] 巴塔耶在《社会批判》1931 年 10 月第 3 期中撰文评论了《性精神病态》。1931 年 9 月 6 日，在写给雷蒙·格诺的信中他谈到了自己阅读的这部"精彩"之作。

式;证明了无论何时他感到色欲膨胀、不能自已,都乐于接受自己的欲望——无论欲望多么恐怖。这也证明了这样的行为对他影响至深:否则,他不会就此话题笔耕不辍,也不会将其隐藏于自己的行为方式之中。

一个月后的 1930 年 2 月,国家图书馆将巴塔耶调出了币章部。他认为这是对自己的羞辱。这当然也标志着他与曾是自己坚定支持者的皮埃尔·德埃斯普泽尔之间的亲密友谊走到了尽头。在新年到来之前,《文献》杂志停刊。

第八章　民主共产圈

1931年1月,《文献》失去了资金支持。从当年巴塔耶的信件中,可以看出他沮丧焦躁的情绪。对于米歇尔·莱里斯这样的老朋友,他没什么话要和他们说;而对于雷蒙·格诺这样的新朋友,他身体和道德都过于颓丧,懒得提笔写信。与此同时,他又开始了众多领域的探索工作。[1]

与马塞尔·迪阿梅尔(Marcel Duhamel)——曾经的超现实主义者,和雅克·克莱因(Jacques Klein)——记者、剧作家,携手,巴塔耶打算开办一本讨论通史的周刊。他们希望招募前达达主义者马克斯·莫里斯作为插图作者,但未能如愿。但通史的念头一直萦绕着巴塔耶,成为他在20世纪50年代的主要奋斗目标之一。

1931年11月,巴塔耶开始去圣-安妮精神病院旁听对病人的问诊。这并未持续多久,巴塔耶旁听的部分原因也许

---

[1]　*Lettres* 62 ff.

是获得病理心理学证书，或者仅仅是为了把相关心理学和心理分析的阅读建立在实践的基础上（而不仅是对自己个人经历的分析）。在这段时间，巴塔耶阅读了《梦的解析》，并考虑翻译弗洛伊德和特奥多尔·赖克（Theodor Reik）合著的、讨论陀思妥耶夫斯基的心理分析论文集。他还撰文评论了克拉夫特-埃宾的《性精神病态》和斯特凡·茨威格（Stefan Zweig）刊登于《社会批判》的一篇有关弗洛伊德的自传性文章。[1]

巴塔耶有关《性精神病态》的评论文章发表于1931年10月，是他为《社会批判》撰写的第一篇文章。《社会批判》是一份讨论著作和思想的双月刊；在之后的三年里，这份杂志取代了《文献》，成为巴塔耶发表文章的主要渠道。《社会批判》由鲍里斯·苏瓦林（Boris Souvarine）主编，隶属于民主共产圈这个组织。该组织成员周四晚上在咖啡馆见面，讨论政治以及马克思主义理论（例如，1933年3月30日，他们在奥格咖啡店讨论的是"意大利法西斯主义和德国国家社会主义"）。[2] 与后来的《阿塞法勒》杂志一

---

[1] *Lettres* 68; *OC* 1, 275—276, 291—294, 328.

[2] 参见 Marina Galletti, ed., *L'Apprenti Sorcier* (Paris, 1999), p.86。

第八章 民主共产圈

样，加入这个组织并不需要或并不意味着参与杂志的办刊活动。巴塔耶与雷蒙·格诺、米歇尔·莱里斯、雅克·巴龙（Jacques Baron）、让·皮埃尔和多斯（Dausse）医生等人加入了该组织。这里，他结识了之后几年在其人生中扮演重要角色的几位重要人物：科莱特·佩尼奥（Colette Peignot）（人们用中间名称她为洛尔[Laure]）、西蒙娜·韦尔（Simone Weil）、皮埃尔·卡昂（Pierre Kaan）、让·贝尼耶（Jean Bernier）、帕特里克·沃登伯格、乔治·安布罗西诺（Georges Ambrosino）；除此还有：他在为《反攻》《阿塞法勒》等工作时的主要合作者。

鲍里斯·苏瓦林既是民主共产圈，又是《社会批判》的核心人物。他于1895年生于基辅，当时取名为鲍里斯·利夫席茨（Lifschitz）；两岁之后，他在巴黎长大。他来自工人阶级家庭，青少年时代就产生了无政府工团主义的思想萌芽。第一次世界大战服兵役期间，他就开始为一家社会主义刊物撰稿，战后不久还写信给列宁。列宁在俄国革命前夜给他写了回信，此举使苏瓦林（当时他已这样称呼自己）成为法国和俄国工人党之间纽带。当时，他消息灵通，联系广泛。1920年，铁路工人、码头工人、钢铁工人、矿工和建筑工人试图发起大罢工，苏瓦林因参与其中坐了十个月的监狱。在狱中，他当选为刚成立的法国共产党的执行委员会委员，并开始编辑一份理论刊物《共产主义简报》(*Bulletin Communiste*)。获释后，他离开巴黎，来到了莫斯科。在莫斯科，他在共产国际的三个委员会担任职务：分别是常务委员会、书记处和执行委员会。1924年，苏瓦林在布尔什维克党的代表大会上从道德和理论方面拥护托洛茨基，并因此在党内和苏联遭受排挤。和之前被开除出党一样，他后来回到巴黎也是不可避免的。

回到巴黎后，《共产主义简报》成为发表反斯大林观点的阵地，但他也并未追随托洛茨基的路线。苏瓦林所秉持的是马克思主义哲学，而非该哲学在当代的一两个代表人物。他致力于恢复马克思主义思想和政治行动的活力；为此，他主张回到马克思的经典文本，同时以法国社会学、心理分析、当代经济学和历史研究的成果丰富和发展马克思主义。为此目的，他于1926年组织了一个讨论小组，名为"马克思-列宁共产圈"。1930年，苏瓦林将该小组更名为"民主共产圈"，标志其进一步远离了斯大林式的共产主义，并更加坚守自己独立的思想。之后，他耗时五年，以极其批判的笔调创作了斯大林的传记。

1927年，超现实主义者们一同靠向苏瓦林，误将其当

第八章 民主共产圈

作托洛茨基主义者,但他们之后不久就加入了法国共产党。在托洛茨基流亡期间及其在墨西哥的最后岁月,他们都是托洛茨基的支持者。如果对此有所了解的话(除了其他个人及思想动因),我们就不难理解为何苏瓦林小组似乎对于雅克·巴龙和米歇尔·莱里斯这些曾信奉超现实主义的人物持欢迎的态度。

苏瓦林几乎没有支持《共产主义简报》出版的经费来源。1931年初,他见到了洛尔,引荐者是洛尔的旧爱让·贝尼耶——一个忠实的共产主义者,也是民主共产圈成员。此时,洛尔刚刚结束极不愉快的苏联之行,回到巴黎。一连串的情感挫折和政治幻灭——这一切始于与贝尼耶的恋情——使她的情绪极为低落。苏瓦林于是向她伸出援手,为她提供了排遣内心巨大能量的渠道。而她也向苏瓦林施以援手,以自己继承的遗产向《社会批判》杂志提供资助。苏瓦林是刊物名义上的主编,而实际由他与洛尔分担出版发行的职责。皮埃尔·卡昂协助组织评论类稿件。

根据苏瓦林的总体方案,这份刊物要成为一个论坛,通过与其他领域——社会学、心理分析、哲学、经济学和历史学——的碰撞,恢复马克思主义思想的活力。这个方案本身及其所涵盖的几个研究领域在斯大林主义的正统理论中是被禁止的。《社会批判》的内容包括长篇论文、档案资料以及大量相关著作和其他刊物的评论文章。除了苏瓦林和巴塔耶，撰稿人还包括皮埃尔·卡昂、让·贝尼耶、米歇尔·莱里斯、雷蒙·格诺、朱利叶斯·迪克曼（Julius Dickmann）、吕西安·洛拉（Lucien Laurat）、弗朗茨·梅林（Franz Mehring）、皮埃尔·帕斯卡尔（Pierre Pascal）、西蒙娜·韦尔；洛尔用克劳德·阿拉克斯（Claude Araxe）这个笔名也偶尔写点书评。因此，《社会批判》与《文献》多有共通之处。毫无疑问，有些撰稿人是二者共有的；但更重要的是，二者都愿意重新审视某个领域的理论根基，都重视所有的科学领域和思维模式。《文献》使民族学和美学之间发生了碰撞，并使它们与心理分析发生了碰撞；《社会批判》则通过类似的碰撞试图赋予马克思主义新的活力。对苏瓦林及其撰稿人而言，他们面临的挑战在于：思考社会全貌的同时，并不排斥任何有用的工具赋予他们的思想洞见。

值得一提的是，民主共产小组并非巴塔耶在20世纪30年代初唯一经常参与的讨论小组。根据米歇尔·叙丽娅（Michel Surya）的概述，"新秩序"就是这样"一个小组，它反对布尔什维克，反对资本主义，反对议会制，主张社团制度，维护工人阶级利益"，其创始人是阿诺·当迪厄（Arnaud

第八章 民主共产圈

Dandieu）和罗伯特·阿伦（Bobert Aron）。其成员有亚历山大·马克（Alexandre Marc）、让·雅尔丹（Jean Jardin）、克劳德·舍瓦利（Claude Chevally）、丹尼尔－罗普斯（Daniel-Rops）、雅克·纳维尔（Jacques Naville）和加布里埃尔·马塞尔（Gabriel Marcel）。[1] 当迪厄曾与巴塔耶共事于国家图书馆。这个小组于 1930 年开始出版宣言，1933 年之后出版刊物。巴塔耶未曾向其中任何一个刊物投稿，但在某种程度上，他的确经常参与小组的活动；针对当迪厄和阿伦出版于 1933 年的《必然的革命》（*La Révolution nécessaire*）中至少一个章节的内容，巴塔耶甚至还可能提供过书面意见。

"群众"是另一个类似的小组，组织人是勒内·勒弗夫尔（René Lefeuvre）。同样，巴塔耶从未向该小组的同名刊物投稿，但在某种程度上也时常参与其活动。摄影师多拉·玛尔（Dora Maar）是群众小组的成员。正是在这里，她与巴塔耶开始了一段恋情，或者始于 1933 年秋天，或者 1934 年春天。他们若即若离，维持了两年的恋人关系，直到后来玛尔移情别恋，爱上了毕加索。

从 1931 年开始，在参与民主共产圈活动的同时，巴塔

---

[1] 参见 Michel Surya, *Georges Bataille* (London, 2002), p.522。

耶开始在高等实用研究院（École Practique des Hautes Études）旁听亚历山大·科伊雷（Alexandre Koyré）的晚间课程，课程有关尼古拉库萨思想中的无限和"博学的无知"。如同在民主共产圈，雷蒙·格诺是与他一同参与课程的伙伴。1932年，科伊雷就黑格尔的宗教哲学发表讲座，而巴塔耶和格诺则写出了《对黑格尔辩证法基础的批判》这篇文章。科伊雷的讲座结束之后，讲座人和听众去往圣米歇尔大道，进了位于索邦广场一角的哈科特咖啡馆，继续他们的讨论。亚历山大·科耶夫（Alexandre Kojève）、亨利·科尔宾（Henry Corbin）和弗里茨·海涅曼（Fritz Heinemann）三人就是其中的听众。1933年，科伊雷、科尔宾和亨利·查尔斯·皮埃什（Henri Charles Puech）创办了《哲学研究》（*Recherches Philosophiques*）；该杂志于1936年发表了巴塔耶的《迷宫》（"The Labyrinth"）以及皮埃尔·克罗索斯基的几篇有关萨德侯爵的文章。

尽管科伊雷禀赋聪慧，在哲学领域涉猎甚广，但对于同代思想家的影响力远不及他的继任者亚历山大·科耶夫。科耶夫于1902年生于莫斯科，父母都是资本家。1905年在满洲里的俄日战争中，科耶夫失去了父亲。十二年后，他目睹了继父在家庭的乡间别墅被一伙劫匪杀害的一幕。1918年，

第八章 民主共产圈

科耶夫因黑市交易遭到布尔什维克党人的关押。他在狱中转而信仰共产主义,但获释之后,他的资产阶级家庭背景使他无法继续从事研究。他坚信自己生逢一个伟大的历史时刻,于是首先移居到波兰,接着又来到德国,在海德堡大学师从卡尔·雅斯贝尔斯(Karl Jaspers)研究哲学,还学习了几门语言:汉语、梵文和藏文。(与此同时,巴塔耶也在学习这些语言。)1928年,科耶夫已经来到了巴黎(此时他已精通法文和德文),继续从事研究,并与另一位俄国流亡者亚历山大·科伊雷成为好友。(当时人们知道,科耶夫与科伊雷的嫂子曾有过一段恋情,他与这位哲学家的友谊即由此而生。)

1933年,科伊雷邀请科耶夫到高等实用研究院接替他开设讲座,科耶夫为此重读了黑格尔的《精神现象学》(*Phenomenology of Spirit*)。虽然这本书他曾读过几遍,但1933年再读此书时,正值斯大林巩固权力,纳粹收紧对德国的控制,而全世界却袖手旁观。这次阅读使他深受震撼。他觉得此时彻底理解了这本书的内容。黑格尔的书一点也不抽象,而是很具体;虽然在具体细节上有些错误,但非常具体,意识与死亡的视界抗争,如同一出大戏。科耶夫理解的黑格尔是一个历史终点的黑格尔:此时,人类已穷尽了其思想和行动的可能性,剩下的选择只有重复;也是一个人类中心主义的黑格尔:他的上帝是人类自身的投射,他的人类是对人类自身兽性的否定。也是一个共产主义的黑格尔:他的奴隶是那些为获得认可和权利抗争的工人。

每周一下午五点半,科耶夫讲解黑格尔的《精神现象学》。如同在他之前的费迪南德·德·索绪尔(Ferdinand de Saussure)以及紧随其后的雅克·拉康(Jacques Lacan),科耶夫真正的思想遗产都在他的讲座之中。当时,《精神现象学》还没有法文译本(让·伊波利特[Jean Hyppolite]的译本直到1939年才问世),因此科耶夫为听众翻译、讲解其中的内容,用当时的例子阐明那些晦涩难懂之处。整整一代法国知识分子都聆听过他的讲座:其中包括雅克·拉康、雷蒙·阿伦(Raymond Aron)、罗杰·凯卢瓦(Roger Caillois)、莫里斯·梅洛-庞蒂(Maurice Merleau-Ponty)、埃里克·韦尔(Eric Weil),安德烈·布勒东偶尔也来听讲。雷蒙·格诺一丝不苟地记录了讲座的内容,并于1947年将这些记录以科耶夫的名字出版。[1] 在科耶夫主持该研讨班的六年中,巴塔耶

---

[1] 部分翻译为 Alexandre Kojève, *Introduction to the Reading of Hegel* (Ithaca, 1980)。

第八章 民主共产圈

报名参加了其中的三年(1934—1935、1935—1936、1937—1938),但其他几年中他也肯定旁听过。后来,巴塔耶坦率地表示,科耶夫的解读与"这本书本身差不多",他为其"感到窒息、动弹不得":"科耶夫的课程让我精疲力竭,一蹶不振,我好像死了十次。"[1] 对此,格诺曾说巴塔耶有时在课堂上会睡着。[2]

科耶夫的讲座倒也并不是巴塔耶第一次有机会接触黑格尔。从1925年开始,他曾多次从国家图书馆借阅《逻辑学》《历史哲学讲演录》和《精神现象学》。他曾于前一学年聆听了科伊雷有关黑格尔宗教哲学的讲座。此时,他已和雷蒙·格诺合作完成了《对黑格尔辩证法基础的批判》一文。但其中最具决定意义的当属科耶夫对于黑格尔思想的表述。科耶夫对于巴塔耶解读黑格尔的重要性,有如阿尔弗雷德·梅特罗之于巴塔耶解读迪尔凯姆和莫斯,列夫·舍斯托夫之于他解读尼采和陀思妥耶夫斯基,阿德里安·博雷尔之于他解读弗洛伊德。

听完科耶夫的讲座,黑格尔成了巴塔耶最喜爱的敌人,

---

[1] *OC* 6, 416.

[2] Raymond Queneau, 'Premières Confrontations avec Hegel', *Critique*, 195—196 (August- Semtember 1963).

成了他不断优先攻击的对象。在巴塔耶看来,黑格尔哲学是"唯一活着的哲学",但其《精神现象学》却是一个"致命的错误";《精神现象学》的思想效力源于对完整性的坚持,但其本身就是残缺的,容易被推翻。[1] 黑格尔哲学自恃为绝对真理,完全一以贯之,而巴塔耶就是黑格尔思想的鲜活否定者,完全与其水火不容。如果说黑格尔哲学是实用的、有意义的和严肃的,那么巴塔耶的"作品"则是毫无用处的戏谑,是偶然性在绝对必然王国的震颤,是图书馆里的笑声。巴塔耶在著述中批判黑格尔,并以此批判很多别的敌人,如布勒东以及后来的萨特。尽管存在诸多分歧,但科耶夫却成了巴塔耶的好友和合作者,并一直保持着良好的关系。他在社会学学院(Collège de Sociologie)开设讲座讨论黑格尔,不断对巴塔耶的著述做出回应,直到巴塔耶辞世。

《萨德侯爵的使用价值》是一篇逆逻辑的文章,巴塔耶从未将其发表,而是对其中的观点加以修正,并扩展成了几篇文章,于1932年至1934年陆续发表于《社会批判》:这些文章分别为《对黑格尔辩证法基础的批判》《耗费概念》

---

[1] *OC* 5, 20, 259; *Inner Experience* 8; *Guilty* 24.

第八章 民主共产圈

("The Notion of Expenditure")、《国家的问题》("The Problem of the State")以及《法西斯主义的心理结构》("The Psychological Structure of Fascism")。除了这些文章,巴塔耶还为《社会批判》撰写书评;从版面安排可见,该刊的内容主要是对当下各个学科的出版物所做的评论。其中涉及的话题非常广泛,从塞利娜(Céline)的《长夜漫漫的旅程》(*Journey to the End of the Night*)、安德烈·马尔罗(Malraux)的《人类的命运》(*Man's Fate*),到有关黑格尔、弗洛伊德和基督教的书籍。针对超现实主义者的新书以及《牛头怪》(*Minotaure*)杂志,巴塔耶写了一系列短篇评论,继续与超现实主义派展开论战。(瑞士出版商最初招募的正是巴塔耶以及安德烈·马松,要求他们以《文献》的办刊理念主持这份新刊的编务。接着,超现实主义者垄断了这些文辞华丽的书评,对这类书评巴塔耶兴味索然。从最初几期开始,该刊刊登了毕加索和马松的新画作,转载了雅克·拉康和萨德侯爵的作品,巴塔耶仅对刊物此举表示赞赏。[1])

巴塔耶篇幅较长的文章所阐述的都是他所关注的问题,此时主要是政治问题。在过去五年中,巴塔耶完成了一些文

---

[1] *OC* 1, 337.

章，但尚未发表；他在这些文章中所思考的很多主题和概念在这些篇幅较长的文章中都得到了深化和阐明。这些长文还明确指出了进一步思考和阐述的方向。鲍里斯·苏瓦林以《社会批判》主编的身份在《耗费概念》这篇文章之前加了一段点评。这段点评明显是为了指出巴塔耶的"概念"与苏瓦林社会学思想之间的差异，并指出如果巴塔耶能作更为彻底的修正，他的观点或许是可以接受的。[1]《法西斯主义的心理结构》这篇文章之上也加了类似的点评，但这次的点评人是巴塔耶自己。这段点评再次将此文置于更大的整体中加以考察；此外，点评还就作者未能说明自己的方法论这一问题搪塞了一番："对于那些并不熟悉法国社会学、德国现代哲学（现象学）和心理分析的人而言，这篇文章必定使他们震惊不已。这显然是本文的主要缺陷所在。"[2]

巴塔耶之后耗费了十七年的时间才完成了这些点评中提出的整部作品——《被诅咒的共享意识》——的第一卷，而即便这一卷也宣称其中心思想需要进一步阐述和发展。《色情》（1957）就是这样一部深入阐发之作；而巴塔耶去世时，其他作品尚未完成。当然，这些后期的作品与最初的

---

[1]　*OC* 1, 662.

[2]　*OC* 1, 339; *Visions of Excess* 160.

第八章 民主共产圈

写作动机以及催生它们的那些文章并不十分吻合。《社会批判》发表的那些文章所提出的全部著述绝非巴塔耶在20世纪四五十年代的作品中发现和提出的著述。这从巴塔耶的著述来看是显而易见的，他所有的作品讨论的都是意义的游移以及真理由事实向幻想的滑动或相反。巴塔耶总是一次又一次设想和宣布自己的鸿篇巨制，但只能完成一部分内容；或者相反，他先写出一篇小文章或短篇小说，就宣称这只是一部鸿篇巨制的片段而已，但所谓大作之后便不了了之了。

从巴塔耶写于20世纪30年代初的点评可知，他那时计划撰写的鸿篇巨制是一本有关法国法西斯主义的书。他刊登在《社会评论》的文章都直接讨论这一问题，大量篇幅的点评也是如此，但这些都没有写成一部专著。1935年，他的确写成了一本书，但与法西斯主义的社会历史研究毫无关系，而是一部与此相关的小说《正午的蓝色》；这本小说直到20世纪50年代才出版问世。

考虑到所有这些复杂之处，人们可能会发现巴塔耶所有的作品似乎展现了一个巨大的、迷宫般的大厅，里面有很多镜子。在这样的大厅中，已经发表的美学和民族学论文从尚未发表的神话想象中获得启发，心理学和社会学论文会影响小说创作，小说世界中的语言事实能够启发从历史事件中得出的经济学理论。所有这些著述之间既连成整体，同时又互不关联，各自为政。在《宗教理论》(*Theory of Religion*)中，他解释道：

> 实际上，呈献给读者的不是某个部分，而必定是由部分嵌入其中的整体：这是人类整体的组装和体系，绝不仅仅是一堆碎片，而是一种自我意识。从某种意义而言，无限制的组装是不可能的。[1]

在巴塔耶身上，事实、谬误和幻想相互竞争、补充和替代；不同学科的思想观点相互补充，相互拆解；整体是提出的一种手段，借以体验意识在与其语境缠斗过程中的劳苦和艰辛。

巴塔耶最为重要的文章《耗费概念》颠覆了经典——因此也是马克思主义——经济学模式，他坚持认为决定文化特性和目标的是耗费而非生产。简言之，衡量和理解社会的依据是消耗资源的方式，而非生产关系。托斯丹·凡勃伦

---

[1] *OC* 7, 285; *Theory of Religion* 9.

第八章　民主共产圈

(Thorstein Veblen）在《有闲阶级论》(*Theory of the Leisure Class*)中提出过类似的观点，但其视角是完全相反的。范勃伦谴责耗费，尤其是那种醒目招摇的耗费形式，但巴塔耶却接受耗费，和弗洛伊德一样相信人类将改善自己的生活，如果他们能够为耗费找到合理的渠道。这是他作品的主要目标，却常被忽视。三十年后，在《厄洛斯的泪水》中，他又重申了这一目标："除非我们考虑耗费（耗费与战争对立，色情快感——能量的瞬间消耗——是其模范）的种种可能性，否则我们永远不能发现基于理性的发泄口。"[1]

根据巴塔耶的观点，接受耗费意味着接受人类经验的整体：无用、浪费、非理性和负面；另一面则是生产、正面、理性和使用。西方文明的异想天开之处在于认为整个世界和人类经验都能变得具有实际功用，都能被理性所解释。巴塔耶在其著述中揭示了这种幻想的疯狂，这种看法的盲目，并以此说明耗费的真相和机制。巴塔耶在《耗费概念》中对此难题作了戏剧化的表达，他讲了一个故事，其中的父亲对儿子的放纵行为视而不见。父亲不能接受，甚至不能发现儿子追求享乐，虽然他自己也穷奢极欲。父亲只和儿子谈论有用

---

[1]　*OC* 12, 621; *The Tears of Eros* 149.

的东西,只支持儿子进入责任和名望的同质化世界。显然,这位父亲是我们人类文明以及所有我们的良心导师的化身,但他首先并主要是巴塔耶自己父亲——一个对自己的放纵行为几乎毫无察觉的人——的化身。在巴塔耶看来,儿子必须从整体上接受人生的真相,既接受其有用性,也接受其无用性,为废物在社会中找到位置。

耗费有两种类型:一种是为了维持人体和社会的基本需要而消耗资源,另一种则纯粹是挥霍资源。第一种类型的耗费是生产过程的必要部分。然而,第二种耗费的事例则普遍被视为浪费金钱或时间,或两者兼有。其中包括我们非理性地迷恋昂贵的珠宝及其他奢侈品;早期人类文明在祭祀仪式中浪费人和动物的生命;当代整个运动文化领域——不仅是我们的体育馆以及运动员过高的薪水,还包括我们在体育博彩中输掉的钱、我们用来研究与体育运动相关的资料数据的时间,以及花钱购买与运动队相关的产品。最后,耗费是整个艺术领域的特征,艺术既代表了真正的耗费,也代表象征性耗费。在建筑、歌剧和电影这些领域中,大量金钱用于创造画面,供我们娱乐。文学和视觉文化大量耗费语言、符号和结构,以创造和延续我们文化内部的交流。其他行为也可被理解为这种耗费方式:大笑、色情(例如,非以繁衍为目

第八章　民主共产圈

的，而以本身为对象的性欲）、舞蹈等诸如此类的行为。但耗费是无所不在的现象，这些只是其中的几个例子罢了。当然，第二种耗费的特点在于其涉及无利可图的、无用的和无意义的花费。没有任何理由能说明这类行为的合理性。有别于古代祭祀仪式，这些行为不会呈现——或使人联想起——一个神圣的或超验的领域。它们只是浪费，最为纯粹的浪费。

但很久以前，耗费的确具有某种社会功能。通过馈赠礼物，耗费促进了社会财富的再循环；通过建立荣誉和声望的象征结构，耗费形成了权力关系；基于荣誉和声望的结构，耗费容许个人在一个社会体系内部确认自己作为个体的身份。在这样的社会体系中，对个人社会价值的评价并非依据所获得的财富（即使偶尔谈到财富，也是轻声细语、讳莫如深），而是依据个人因挥霍财富而获得的声望。最有权力的个体必定是那些能够承受最大损失之人，这种权力只有在损失发生之时才会显现。例如，国王建造城堡，信众修建教堂，家庭修建宅邸。这些建筑都是耗费财富的真实可见的事例，同时也具有象征性。而那些不能做出此类社会奉献或展示之人会得到反向确认，使得他们明显有别于那些能够如此之人。

对于生活在北美西北海岸的特林基特人、海达人、钦西安人和夸扣特尔人，冬季赠礼的习俗——已成为习俗的浪费财富行为——在社会中占据了中心地位。如马塞尔·莫斯在《礼物》中描写的那些仪式，冬季赠礼节——以及所有与赠礼节有内在关联的类似节日——举办于个人或集体生命的转折时刻：在庆祝出生、结婚和死亡过程中都会赠送礼物。这些赠送的礼物意味着对方有回礼的责任，即一旦对方收到礼物就必须以同等的礼品回赠。因此，整个社会——不仅是这些社会——的结构是围绕着收受礼物而形成的，这些礼物并非供自己使用，而是延续彼此间的循环，也即财富的再循环。作为礼物获得的资产或财富并未成为个人的私有财产，而是个人在轮到自己时必须送出的财产，履行自己在此交换圈中的责任。在一些极端的情况中，这些相互责任的结构会因为礼物的尺寸和类别而受到挑战。为了赢得声誉，有些人送出的礼物体积过大，致使对方难以回礼。在这种情况下，财富就会直接被浪费：例如，为了向邻居致敬而割下奴隶的喉咙，为了赢得声誉而砸碎铜块并扔入大海。

根据马塞尔·莫斯和亨利·于贝尔（Henri Hubert）在其经典论文中对耗费的定义，在冬季赠礼节，耗费与祭祀习俗之间并无区别。[1] 作为宗教习俗的祭祀在两个不同的经验

---

[1] Marcel Mauss and Henri Hubert, *Sacrifice: Its Nature and Function* (Paris, 1898).

第八章 民主共产圈

领域建立了联系：日常生活中同质化的世俗领域与具有永恒和无限价值的异质性神圣领域，即神的领域。在祭祀中，祭品实际上被抛到了日常生活之外，脱离了有用性，进入了一个我们无法理解的领域。巴塔耶的耗费概念故意将祭祀耗费与直接浪费，高尚与低俗，宗教与流行文化合二为一了。当然，献祭的宗教习俗已从现代文化中消失，正如索要献祭的神也已消失一样。我们不再屠杀刚出生的动物或儿童，也不再为了神的荣耀修建教堂。但是，这种结构以及祭祀的社会心理必然性并未消失，而是以耗费的形式得以延续。简言之，耗费就是一种手段，个人通过花费钱财来修订自己的身份。在1933年7月撰写的《耗费》这篇本体论文章中，巴塔耶将耗费思想推向了极致。[1] 这年夏天，他生了一场大病。一个晴朗的下午，巴塔耶卧病在床，一位访客带着痛苦的神情离去，这使他痛不欲生。但他并未说明此人是谁。[2] 痛苦的他想象着一种悲惨的主体性，一个"死去的自我"，一个只能在空洞的世界中颤抖的主体存在。一个死去的主体认识到其存在的脆弱性，其生命在世界中的独特性——一个男人和一个女人结合，产生了一个独特的孩子，这个孩子

---

[1] *OC* 1, 90—96; *Visions of Excess* 130—136.

[2] *OC* 5, 83; *Inner Experience* 69.

成长于独特的环境，沿着独特的道路，在充满敌意的物理或物质世界中前行。自我并不属于这个世界，虽身处其中，却与其格格不入。通过将自身展示给对立面、中断和死亡，即"我"通过耗费达到的"否"的状态，死去的主体认识到自身独特的困境，认识到自身同时具有的孤立与开放，自身所经历的撕裂之感。死亡的主体通过陶醉的谵妄、大笑、色情、冥想等一千种其他手段寻求自身的终结，通过消除自我意识（无论多么短暂）而进入一个超越其自身的世界。这些个人耗费的姿势是对《耗费概念》中描述的社会性耗费姿势的重复。祭祀的矛盾性就是源于祭祀中声望的矛盾性。安德烈·马松为这篇文章配了插图，描绘的是在痛苦中死去的古代神灵、古代主体的祭祀活动。但巴塔耶在之后的三年中为发表此文费尽了周折。

文章未能发表，至少部分原因在于文中的观点无论过去还是现在都是资产阶级文化所不能接受的。巴塔耶认为，在资产阶级文化中，"一切慷慨、狂欢和过度的东西都消失了……财富在当下是秘不示人的，遵循着令人沮丧厌烦的规范。"[1] 富人不再公开挥霍财富，供众人享乐，也不再寻求

---

[1] *OC* 1, 313; *Visions of Excess* 124.

第八章 民主共产圈

这种享乐的副产品——声望。在资产阶级文化中,社会关系以及个人身份实际上不再由声望所构成,而是决定于社会契约、法律以及最终的国家权力。在个人层面上,祭祀依然存在,但这一直是不可言说的存在。

由于声望的消失,社会关系失范,社会变得松散,个人身份也变动不居:谁是富人?谁是穷人?谁对谁负责?如何负责?为何负责?富人拒绝公开展示财富,实际上也就拒绝提供社会结构(实际不止于社会结构)的基本元素。穷人既不能获得劳动的直接成果,也不能享受早期文化中富人对财富的展示。穷人的人性成了富人否定和压抑的对象,此时富人的财富也不再像以前那样循环。在富人眼中,穷人构成了一个异质性群体,游离于社会之外。

根据巴塔耶的观点,穷人有三种途径走出困境,且都取决于一组对立的心理需要——认同与献祭。作为第一种选择,基督教赋予他们某种精神视界,将"痛苦受害者的社会耻辱和死尸般的堕落与神圣的荣耀相联系……这是一种以放弃真正的斗争为代价的精神狂欢"。[1] 救世主既像这些穷人(因为卑微),又有别于他们(因为神圣)。对于穷人的经验

---

[1] *OC* 1, 317; *Visions of Excess* 127.

而言，救世主与他们既是相似的，也是不同的，因此就心理而言是宗教冥思的理想对象。

在第二种解决方案中，穷人为推翻处于统治地位的富人而参与"革命的暴力"，一种"血腥的、毫无限度的社会耗费"。[1] 对巴塔耶来说，阶级斗争的高潮就是冬季赠礼节，富人在其中成为祭祀的牺牲品。由此可见，缺乏财富的穷人没有任何东西可以耗费，只能耗费这些控制和统治其生命的富人。这样的革命也必然耗费之前社会关系的所有符号。因此，这样的革命是一场灾难，在一场人心烈火中吞噬整个社会，摧毁所有明显的阶级和个人身份。巴塔耶认为革命必然是一场流血的狂欢，被压抑的能量得到痉挛式的释放。这个革命的方案所提出的只是节庆的狂欢，而非一个社会的前途。

法西斯主义提出了第三条路径。对此，巴塔耶在《法西斯主义的心理结构》一文中作了详尽分析。这篇文章将迪尔凯姆和莫斯的思想与弗洛伊德有关大众心理的见解、萨德侯爵的自主权观点相融合。在法西斯主义中，法西斯领袖扮演了统治者的角色，富人和穷人都以各自的方式在思想上认同

---

[1] *OC* 1, 309; *Visions of Excess* 121.

第八章 民主共产圈

他。如果说基督教救世主是堕落的,且一无所有,那么法西斯领袖则是崇高的、并拥有权力。但是,这两个一高一低的形象都与穷人格格不入。通过认同一个与自身大相径庭的形象,穷人对祭祀耗费的心理需求——即在精神上要求逃避自身有限身份的束缚——得到了满足。对穷人来说,即使领袖恣意妄为,这也强化了领袖权力建构其上的根本幻觉:身体暴力从属于心理暴力,即作为法西斯心理结构本质的自我牺牲。在功能上,法西斯主义在不同情况中以不同方式统一了领袖主权与国家主权;通过将社会中的同质与异质成分统一于彼此对主权的认同,法西斯国家消除了革命的威胁。

即使在《社会批判》这一导向马克思主义的刊物中,从其中文章的视角可以看出无产阶级革命的希望渺茫。在巴塔耶所看到的工人阶级拥有的选项中,暴力革命的可能性似乎最小,而法西斯主义则大有可能。巴塔耶对于法西斯主义的理解和陈述非常清晰,导致自己后来被误认为是法西斯主义的支持者。

无论在民主共产圈内部,还是在《社会批判》的其他撰稿人当中,巴塔耶的观点引起了很深的疑虑。如我们之前所见,鲍里斯·苏瓦林在《耗费概念》的篇首点评中与巴塔耶分道扬镳。西蒙娜·韦尔此时也随着民主共产圈一同颠沛流离,他在一封信中澄清了自己面对巴塔耶的思想时——无疑还有民主共产圈的其他很多成员——所面对的僵局。

> 革命对巴塔耶而言是非理性的胜利,对我则是理性的胜利;对他是一场灾难,对我则是有理有据、极力控制危险的行动;对他是本能的释放,尤其是那些普遍被视为病态的本能,对我则是高尚的道德。有什么共识可言呢?……在同一个革命组织中,一方和另一方对于革命的理解针锋相对,二者如何能够共处呢? [1]

《法西斯主义的心理结构》的第一部分于 1933 年发表问世。三个月之后,正当第二部分有机会发表之时,法国,甚至欧洲的政治版图发生了剧烈变化;而维系民主共产圈核心成员团结的个人关系也发生了剧变。

---

[1] 参见 Simone Pétrement, *La Vie de Simone Weil* (Fayard, 1973), p.306。

第九章 危 机

巴塔耶认为，政治革命是无意识和非理性的灾难性爆发——这从"革命毁灭"这一用语便可见一斑，这一观点无论我们今天看来多么匪夷所思，但在当时并不是非常极端的思想。希特勒当时掌握权力已有一年的时间，已巩固了自己的权力，将共产党人及其他异己分子清除出德国。在苏联，斯大林继续肃反运动（托洛茨基于1933年来到法国）。经济危机正处于最严重的时候。1934年1月，亚历山大·科耶夫代替科伊雷继续开设黑格尔讲座：在他们的课程中，巴塔耶宣称了历史的终结。他这样写道："今天与1848年相似，革命正在欧洲蔓延。"[1]

也是在1934年1月，亚历山大·斯塔维斯基（Alexandre Stavisky）——一个被发现购买债券洗黑钱的商人和放高利

---

[1] *OC* 2, 262.

贷者——在8号这天死于明显由自己造成的枪伤。对他的死，两派政治势力控制的报纸都立刻指责对方为掩盖政治阴谋而杀人灭口。到了1月中旬，饱受非议的法国政府已是风雨飘摇。爱德华·达拉第（Edouard Daladier）取代了总理肖当（Chautemps），并将警察总长解职。极右翼政党走上街头：法兰西行动、火十字团、青年爱国者、法国主义运动等团体于2月6日在国会大厦前组织大规模抗议活动，并与警察发生冲突。冲突造成15人丧生，2000人受伤。达拉第宣布辞职。共产党及其他左翼组织最初并不知道如何回应。法西斯政党及其他极右翼组织的时机似乎已经成熟，他们准备控制千疮百孔的法国政府。但是，到了12日，左翼成功地号召并组织大罢工，共持续了三天。对此，极右翼迅即给予暴力回击：于是爆发了骚乱。

此时，巴塔耶因患急性风湿病而卧病在床。但是，尚未痊愈的他步履蹒跚地走上街头，与米歇尔·莱里斯、罗兰·蒂阿尔一同参与了骚乱。1月14日，在维也纳爆发的一场类似的社会党抗议活动遭到奥地利法西斯镇压。对于发生在周围的事件，巴塔耶都在日记中作了详细记录，并在报纸上作了报道，这也许是他在计划撰写有关法国法西斯的论著之作前所做的一部分准备工作。"各处一直都是暴风骤雨、

第九章 危 机

群情激奋",他动笔写道,这些用词都证明了他的社会学框架,他通过这个框架解读所发生的事情。他的解读之所以言辞激烈,这都是因为时代本就如此。在巴塔耶看来,2月14日奥地利纳粹的胜利是一场"灾难",预示了在四年零一个月之后希特勒的政党必定完全控制那个国家。"在一个很快将无法呼吸的世界,法西斯在所有的领域加强了控制。"[1]

这本有关政治的日记在诸多方面都是值得一提的。在其中,我们看到了这个时代一位最敏锐的政治思想家诠释正在发生的事件。但是,如"群情激奋"这样的词语并非用作分析工具,而是如同小说中的描写手法。巴塔耶为《社会批评》撰写的每篇文章都是深思熟虑后的产物,那么相应的日记也必定写于这些事件的最高潮之时。这些文章都立论严谨,结构平衡,且内容完整,每一篇都是构成篇幅更大的作品的一部分。但日记是生活的一部分;它们离这些事件距离很近,因而无法获得因距离而产生的客观性。在五年之后的第二次世界大战之初,巴塔耶又回归日记这一写作形式。

2月14日这天,从骚乱事件回到病床的巴塔耶已筋疲力尽,但他给民主共产圈其他成员一口气写了大量书信。法西

---

[1] *OC* 2, 253—262.

斯主义者以及极右翼保守主义者此时已粉墨登场：那么共产主义者以及左翼独立人士该如何回击呢？在房间里举步维艰的巴塔耶感到与世隔绝，渴望有所作为。他曾对皮埃尔·卡昂哀叹自己面对这些重大事件"几乎无能为力"，并表示自己并不确信民主共产圈以及更大范围的左派能够很快找到"新的"政治立场。而他也的确提出了建议，即以何手段才能找到并传播新的立场。

> 对于我们必须定位的层次，我确信无疑：这只能是法西斯的层次，也就是神话的层次。因此，问题在于参与现实的虚无主义，并赋予其价值——等同于法西斯主义所赋予的价值。这些价值尚未提出，而这是可以做到的，但要知道如何去做却很难。提出这些具有颠覆性影响的价值，直接赋予其鲜明的意义，这就意味着这些价值在法西斯主义立足已稳的地方会丧失所有传播的途径。[1]

对巴塔耶来说，1934 年 2 月，激进政治与寻找新的神话之间的差别变得模糊难辨。对寻找神话如要有任何结果，就

---

[1] Marina Galletti, ed., *L'Apprenti Sorcier* (Paris, 1999), p.112.

第九章 危 机

必须秘密进行。根据巴塔耶的解读,法西斯主义善于将神话的情感召唤以及英雄(这里的英雄与国家是难以区分的)崇拜的心理诱惑掺入政治之中。与法西斯主义者一样,巴塔耶清楚神话的力量(这往往会导致有人认为他本人就是法西斯主义者)。但是,巴塔耶的目标是让神话为大众服务,而非为压迫大众的人服务,无论压迫者来自政治、宗教、经济或其他领域。

1934年春,在巴黎郊区的伊西勒布林诺,洛尔登门拜访了巴塔耶。当时,巴塔耶还在康复中,西尔维娅和劳伦斯肯定与他在一起,至少她们偶尔来此。巴塔耶与洛尔谈起了政治。这年三月,《法西斯主义的心理结构》第二部分刊登于《社会批判》的最后一期——他们当时对此一无所知。他们一定谈到这篇文章、西蒙娜·韦尔对巴塔耶思想的反对、民主共产圈的发展方向(该组织一直以来萎靡不振,无足轻重)。

巴塔耶与洛尔于1931年结识于利普啤酒馆。当时,巴塔耶与西尔维娅在一起,而洛尔则和鲍里斯·苏瓦林是一对儿。洛尔和苏瓦林认识不久就同居了。从那以后的几年里,在民主共产圈以及与《社会批判》相关的活动中,巴塔耶与洛尔定期会见到对方。洛尔也参与民主共产圈的活动,虽然不太积极，但她与苏瓦林一起分担了《社会批判》的编辑工作。她和巴塔耶可能时不时地见到对方，但未必花很多时间在一起。由此可见，她1934年春的造访标志着二人的关系进入了新的阶段：他们寻求对方的陪伴是出于兴趣和尊重，而非共同参与的事务。巴塔耶后来在文中写道："从第一天我就觉得她和我之间毫无隔阂。从一开始她就让我完全信任。"但后来他也承认曾经误会过她：他觉得她是个可靠能干的人，而实际上弱不禁风，又心不在焉。[1]

到了四月，巴塔耶身体还很虚弱，却独自一人动身前往罗马，去享受那儿的阳光，并在国家图书馆作比较历史学的研究。天下起了雨，但并不影响他的研究。在参观"法西斯革命展览"过程中，他写信给雷蒙·格诺，谈起自己的研究。他希望能邀请格诺参与他的历史研究，但也借此机会向格诺介绍了这个法西斯展览。如果巴塔耶相信政治必须具有法西斯主义者所赋予的神话形式，那么罗马为他提供了研究这一现象的绝佳视角。此时他得出的任何结论将通过之后数年的写作和行动得到筛选和验证。

在返回巴黎的途中，巴塔耶游览了一个湖泊，这个湖位

---

[1] Laure, *The Collected Writings*, p.239.

第九章 危 机

于弗雷泽(Frazer)在《金枝》(Golden Bough)中描述的内米和黛安娜神圣的小树林旁。此地成了他至关重要的参照。十年之后,巴塔耶变成了弗雷泽笔下飞翔的疯人性格,他在《有罪》的结尾断言:"我是树林的国王、宙斯、罪犯……"[1]

几天之后的一个早晨,在斯特雷萨,身体每况愈下的巴塔耶蹒跚着出门,走上架在马焦雷湖上的一座浮桥,坐在那儿晒太阳。就在此时,

> 无比庄严、同时又活泼自信的声音,响彻云霄,高声齐鸣,难以置信的力量……一只喇叭在播放弥撒……合唱声再次升高,犹如次第袭来的阵阵波浪,缓缓变得强烈、汹涌、疯狂而千变万化,但由此奇幻中升腾而起的是一种迸发而出的力量,如水晶崩裂。唱声迸发之时,恰是一切似乎归于颓缓之刻……合唱齐鸣,一派超凡之力。[2]

对巴塔耶来说,弥撒的音乐于此壮美之中显示出人类渴

---

[1] *OC* 5, 364; *Guilty* 24.
[2] *OC* 5, 91; *Inner Experience* 75—76.

望的力量，一种永远无法满足的力量。他此时处于极度兴奋之中。

6月，巴塔耶回到巴黎后身体康复，他与西尔维娅在一个朋友的乡间居所住了几天，陪伴他们的还有洛尔和鲍里斯·苏瓦林。其中不少时间，巴塔耶和洛尔在一起独处。巴塔耶显然感觉到洛尔与苏瓦林之间关系紧张，苏瓦林在言谈间也对他怒气冲冲。散步时，巴塔耶和洛尔第一次抛开了政治话题，谈起了人生。二人完全知道对方的所思所想。如果说二人之间的情愫始于某时的话，那就是始于那个周末，始于二人的那次交谈。[1]

人们一致认为，科莱特·洛尔·吕西安娜·佩尼奥（Colette Laure Lucienne Peignot）是非同凡响的人物，足以跻身同时代最杰出者之列。[2] 1903年10月8日，她出生于一个属于中上阶层的虔诚基督教家庭。家庭财富来自所拥有和经营的铸造厂，而非来自投资或某个遥远的途径。一家人生活富足，在塞纳河边拥有带网球场的避暑别墅，但他们不能切断与其财富来源的联系。洛尔是四个孩子中最小的一

---

[1] Laure, *The Collected Writings*, p.239.

[2] 参见 Laure, *The Collected Writings* and Laure, *Une Rupture* (Paris, 1999)。

第九章 危机

个;在她之前出生的分别是夏尔、玛德莱娜和吉纳维芙。

佩尼奥一家人的一切因第一次世界大战而发生了改变。洛尔的父亲和三个叔叔在战争中阵亡,一家人自此几乎陷入了无尽的悲痛之中。四人中,最后死去的吕西安在家中死于肺结核,而非死于受伤。他的疾病可能传染给了洛尔;第二年,她平生第一次病倒。如同巴塔耶,她之后的人生反复挣扎于疾病与康复之间。死亡总是萦绕着她,如影随形。

法国政府和法国基督教会发起了一个计划,将牧师派驻到那些在战争中饱受伤痛的家庭(如洛尔的家庭)。被派到佩尼奥家的牧师是佩拉特(Pératé)神父。他于1916年来到这里,利用自己的身份与洛尔十七岁的姐姐玛德莱娜发生了关系。当时年仅十三岁的洛尔逃过了他的魔爪及其他非分之举,但却无法说出她所目睹的一切。可以理解的是,她的信仰就此被击得粉碎,连同与家庭的关系也是如此,因为他们不能面对这个神父恶行的真相。

洛尔的哥哥夏尔与思想艺术界人士多有往来,于是把洛尔介绍给勒内·克勒韦尔、路易·阿拉贡、毕加索、让·科克托(Jean Cocteau)、德里厄·拉·罗谢勒(Drieu La Rochelle)以及其他20世纪20年代中期同样著名的人物。其中就有让·贝尼耶,这名记者于1925年促成了这个超现实主义组织与"克拉尔泰"(*Clarté*)派作家的融合。贝尼耶比洛尔年长八岁,是一位成功的作家和激进的革命者:她爱上了他。[1]洛尔的家人并不赞成他们的恋情,贝尼耶待她并不好。尽管如此,洛尔并未放弃,和他一起逃往科西嘉岛。这段感情注定没有结果。一天,洛尔住进一家酒店,之后朝自己胸口开了一枪,就这样结束了这段恋情。所幸的是,子弹没有打中心脏。她矢口否认自杀是因为贝尼耶的缘故,却说她生于一个没有归属感的经济社会环境,想以自杀纠正这个错误的家庭身世。仗着经济宽裕,洛尔在法国和瑞士的疗养院用了一年时间康复身体。

一年之后,她在柏林与一位名叫爱德华·特劳特纳(Eduard Trautner)的医生生活在一起。这位医生曾写过一本书——《上帝、现在和可卡因》(*God, The Present, and Cocaine*)。关于这段与特劳特纳的生活,她这样写道:

> 我一头栽倒在床上,如同一个人一头扎入大海一样。感官之乐似乎已经与我的真实的存在分离。我创造了一个地狱,一种氛围,其中一切都尽可能远离我能为

---

[1] 参见 Jean Bernier, *L'Amour de Laure* (Paris, 1978)。

第九章 危 机

自己预见的东西。这个世界上,没有人能够联系我,寻找我,找到我。第二天,这个男人对我说:你太忧愁了,亲爱的,你的角色就是一个腐朽社会的产物……当然,是一个被选出的产物。坚持到底,加快社会的瓦解,你能造福未来……坚持按你喜欢的计划行事;你可以多少按自己的想法做事,用你的缺点——没有多少女人愿意这样被打败——你能挣很多钱,你知道的。[1]

特劳特纳给她穿上昂贵的礼服、黑色长筒袜,戴上狗项圈;他用皮带拴着她,用鞭子抽她。他有一次拿涂满自己大便的三明治喂给她吃。她不出门,从未见过任何人。她彻底自暴自弃了,至少有一阵子是这样的。"一天夜里,我逃跑了,"她这样写道,没有多作解释。

她跑得很远。1930 年,洛尔到了莫斯科,希望能参加如火如荼的共产党人革命。她见到了维克托·瑟奇(Victor Serge),又与小说家鲍里斯·皮利尼亚克(Boris Pilniak)有染(此人在日后的肃反运动中被处决)。和其他男人一样,皮利尼亚克也虐待她;生活在列宁格勒和莫斯科,她参与革

---

[1] Laure, *The Collected Writings*, p.92.

命运动的渴望并未得到满足。于是,她去了一个偏远的村庄,住在一个小农场中,但那里的天气很恶劣,她的健康也很糟糕。她终于病倒了,再次住进了医院,之后被送到哥哥那里。在和夏尔乘火车回巴黎的路上,她精疲力竭,神志不清,竟然要勾引夏尔。

经历了一连串挫败,她回到巴黎,满心怨恨,开始"勾引粗俗的男人,主动投怀送抱,甚至是在火车的厕所里。但她并未得到满足"。[1] 至少她是这么对巴塔耶说的。她承认自己在性事方面能将厌恶转化为诱惑——一种反转能力,这是巴塔耶所欣赏的。"一个人必须投入生活,奋力拥抱生活,"她早年曾这样写道,但后来又接受了兰波的看法,即"真正的生活是不在场的",可能在世界任何地方都难觅踪影。[2]

从她激情澎湃、自相矛盾的人生中,我们可以看到这样的循环模式:不顾一切地投身于常常是毫无希望,甚至毫无意义的境遇之中;之后又从此境遇中同样不顾一切地逃亡,落得个伤痕累累;接着又开始重复这样的循环。每次,洛尔

---

[1] Laure, *The Collected Writings*, p.238.

[2] Laure, *The Collected Writings*, p.59, 111.

第九章 危 机

都身处其中,全情投入,但同时她并不在场,遭人贬低、漠视,甚至虐待。因此,她每次逃亡,既是逃向自己,也是逃离自己。在与巴塔耶陷入爱河之后,她坦言:"现在,我能够与过去一刀两断,那些以前认识我的人也不会认出我。"[1] 她写道:"我希望且需要保持沉默,默默无闻。"[2] 又是根据巴塔耶的讲述,洛尔的肆意妄为被恐惧,被心底对死亡的巨大恐惧所抵消。她的目标(再次受兰波影响)是勇敢地热爱死亡,热爱生命,爱生命的一切,甚至包括死亡。[3] 在她的书信和写作中,最频繁引用的话出自威廉·布莱克的《天堂与地狱的联姻》(*The Marriage of Heaven and Hell*):"驱使你的马车和犁,压过死人的骨头。"在谈到她的生活时,巴塔耶赞美道:"对我而言,似乎没有任何人像她那样不屈不挠、纯洁无瑕,也没有人比她更'独立自主',坚定不移;但是,她心中所有的一切都献给了黑暗。"[4] 洛尔是个性格反差鲜明的人。

1930 年,洛尔在巴黎见到了鲍里斯·苏瓦林,也许是通

---

[1] Laure, *The Collected Writings*, p.134.

[2] Laure, *The Collected Writings*, p.133.

[3] Laure, *The Collected Writings*, p.89, 237.

[4] Laure, *The Collected Writings*, p.237.

过让·贝尼耶的引荐，但肯定是在贝尼耶和苏瓦林都频频参与其中的、激进的社交圈。苏瓦林是那种独立的共产主义激进分子，是洛尔向往的那种人。她于是开始和苏瓦林同居，用自己继承的遗产资助他创办《共产主义简报》。在苏瓦林眼中，她激情四射，但孱弱多病，需要他的帮助与呵护，如同父母保护孩子一般。苏瓦林呵护着她，她也照顾苏瓦林。但到了1934年，洛尔感觉为二人的关系所束缚。在两性关系上，她已经对苏瓦林丧失了兴趣；她与西蒙娜·韦尔之间友谊深厚，因此相信自己可以拥有更为独立的生活，同时继续献身自己的事业。正是在此心境中，她走近了巴塔耶。

巴塔耶自己的婚姻同样处于危机之中。此时，他与西尔维娅已结婚六年，有一个三岁的女儿。巴塔耶从来就不是传统意义上忠于婚姻的人，但我们并不清楚西尔维娅对此作何反应。1934年，她二十几岁。由于与雅克·普雷韦和皮埃尔·布朗贝热（Pierre Braunberge，他爱着洛尔）的私交很好，她成功地在影片中谋得了一些角色。简单说，西尔维娅成了一个越来越独立的女人，没什么理由再容忍巴塔耶的过分举动。二十年后，巴塔耶回顾了那个夏天发生的大事，他以第三人称写道："那时，卧病数月之后，巴塔耶经受了严重的

第九章 危 机

心理危机。他与妻子分手了。"[1] 除了自己，他不怪任何人，也没有提到洛尔。1934 年 7 月 4 日，巴塔耶和洛尔发生恋情只有一周的时间。她和苏瓦林去了意大利，期间与巴塔耶保持着书信联系。那个月，巴塔耶本应与西尔维娅、劳伦斯一起外出度假，但他改变了主意，选择追随洛尔一路穿过意大利北部地区。

与此同时，洛尔开始与苏瓦林商量分手之事，苏瓦林不愿理睬。但为了重新找回自己，她决意与他分手，至少不再依附于他。她将对方形容为强者，自己则是弱者。也许是因为她提出的这个要求，洛尔有时能从苏瓦林身边溜走，与巴塔耶待在一起。当月月末，她完全从苏瓦林身边消失不见了，去了特伦托（Trento），巴塔耶正在那里等着她。这个镇子在他的作品中成了一个护身符，他的一个笔名路易三十即来源于此（三十在法文中为"trente"）。八月初，他们一同回到了巴黎。

但他们并没有待在一起。洛尔回到了苏瓦林身边，巴塔耶则回到了他和西尔维娅的家里。洛尔回去是为了离开苏瓦林，离开他并不是为了和巴塔耶在一起，而是希望获得

---

[1] *OC* 7, 461; *My Mother* 219.

独立，自力更生。然而，她的计划并不顺利。苏瓦林当时一贫如洗，他拒不同意，对洛尔百般刁难。谈话中，洛尔坦白了自己与巴塔耶的恋情。在接下来的争吵中，洛尔心力交瘁、精神崩溃。苏瓦林叫来了西蒙娜·韦尔，她的父亲是名医生，所以有办法在8月5日让洛尔住进圣芒代的诊所。她在之后数月中住在诊所里，有时紧张发狂，有时服药后呆若木鸡，如此不断反复。"生活扼住了我的咽喉，"洛尔在信中向西蒙娜说道。[1] 苏瓦林向洛尔的朋友皮埃尔和珍妮·帕斯卡尔总结了病情："洛尔的精神生活如同地狱，无人知晓。"[2]

巴塔耶有时会去探视洛尔，并多少替她处理一些事情，但在诊所医生的眼中，苏瓦林扮演着家人的角色，虽然他与洛尔也没有结婚。巴塔耶请来了认识多年的心理分析师博雷尔医生帮忙诊治，之后几个月，博雷尔为洛尔作了检查和治疗。通过与博雷尔医生的谈话，以及他自己对心理和药物诊疗的广博见识，巴塔耶告诉洛尔的哥哥夏尔她的病情并不"特别严重"。[3] 但苏瓦林和洛尔已经处于暗战之中，她

---

[1] Laure, *Une Rupture*, p.55.

[2] Laure, *Une Rupture*, p.122.

[3] Laure, *Une Rupture*, p.69.

第九章 危 机

的心理健康,最终也包括苏瓦林的心理健康,都成了双方角力的武器。洛尔想以目前的病情证明自己有理由结束与苏瓦林的关系,并且苏瓦林理应同意。而另一方面,苏瓦林却以洛尔的病情为由证明洛尔需要他,认为这是向洛尔证明自己价值的机会。几个月过后,苏瓦林已不再能像从前那样忙里忙外了。民主共产圈已经分裂解散;是否写完斯大林的传记并交给伽利玛(Gallimard),他感到犹豫不决。他索性让自己变得心神错乱;为此,还在诊所中的洛尔却成了头脑清醒的人,保护着他。这段时间二人的书信往来是一份伤心的记录,其中有需要、憧憬和误解。

对于自己和巴塔耶的关系,洛尔是这样对苏瓦林说的:

> 他爱我,我也爱他,是那种完全的爱,也就是那种深沉的、健康的爱情……我无法对他说,也无法对任何人说"我爱他",我只知道他对我而言第一是兄长,能理解我的一些痛苦,我和他也能交流一些有价值的事情,虽然在很多事情上我们分歧很大,他也清楚这些分歧,而这些分歧也构成了我们"思想"关系的基础。第二点,嗯,是的——坦白地说——我可以和他有肌肤之亲——我想不仅可以——我很愿意——我不该放任自己,但这就

如同一扇门被关上了,但空气却从下面穿过。[1]

洛尔和苏瓦林很久没有亲热了(如果他们之前确实有过的话),因此这第二点更加刺痛了他。然而洛尔所说的第一点更为重要和关键,因为她呼应了巴塔耶自己理解的二人间"澄澈如水"的关系,并更进了一步。巴塔耶与洛尔的关系源于彼此深沉的理解、一种无须言语的默契、一种先于并超越这一切的交流。

与此同时,西尔维娅带着劳伦斯于7月底来到比亚里茨,并从那又去往托萨德马尔。安德烈·马松此时正和她的姐姐罗斯住在那里。巴塔耶没有对她隐瞒任何事情,可能出发去意大利之前就向她坦白了一切。"我痛苦极了,"他写道,"科莱特住在一家诊所里。我见不到她。我快要发疯了。告诉我你打算什么时候回来。"[2] 但西尔维娅没有回来。巴塔耶在信中对她说的都是残忍的实话,他是在哀求她,可以看出他的精神非常疲倦。"我希望你能理解我对你的深情,理解现在所发生的一切并未使我疏远你;实际恰恰相反。"[3] 8

---

[1] Laure, *Une Rupture*, p.100.
[2] *Lettres* 88.
[3] *Lettres* 90.

第九章 危 机

月底,这对感情淡漠的夫妻在比亚里茨见面了。二人彻夜长谈,直至凌晨三点,巴塔耶至少感觉释然了些。他声称自己的死亡执念正在消散:"我爱的是生命,"他如此写道。[1] 他恳求西尔维娅回来:"现在,你是这个世界上我唯一想生活在一起的人……梦见你时,阳光回照在我的头上。"[2] 但是,她没有回来。显然,她承认自己应为婚姻的破裂承担一部分责任,甚至在写给巴塔耶的信中痛斥自己的过失。巴塔耶却为她辩解:"西尔维娅,你别说自己是恶魔,你是我遇见的最美丽、最纯洁的人。我希望自己不是现在这个样子。"[3] 他们的婚姻在新的一年里结束了,但离婚手续拖到1946年才办理。离婚后,他们一直保持了密切的关系,延续了巴塔耶的一生。夏天,巴塔耶甚至继续与她一同在乡间别墅度假,还有她的第二任丈夫雅克·拉康,也是巴塔耶的朋友。

巴塔耶回到了巴黎,雷恩大街76号;而洛尔离开诊所后,回到了曾和鲍里斯·苏瓦林生活过的讷伊。她重获独立,不再理会巴塔耶了。这些年中,他也认识了其他几位女性,其中只有多拉·玛尔是个名人。其他就像数月以来日记

---

[1] *Lettres* 92.
[2] *Lettres* 93—94.
[3] *Lettres* 98.

中的人名一般，匆匆而过：埃迪特·杜邦（Edith Dupont）、丹尼丝（Denise）、西蒙娜、玛德莱娜、佛罗伦丝（Florence）、亚尼娜（Janine）、波利娜（Pauline）。其中，埃迪特常常陪伴巴塔耶。11 月，巴塔耶与她一起去了德国，也就是《正午的蓝色》中的叙述者与女主人公多蒂在一起的那次旅行。

在出现了政治和心理危机的这一年中，巴塔耶经历了疾病和康复、暴乱和孤立、心力交瘁和幡然醒悟。他的婚姻结束了，他的政治组织解体了，他的杂志停刊了，他遭遇了严重的心理危机，巨大的打击使他丧失了生活的希望，甚至处于死亡的阴影之中。

第十章 反　攻

在危机四起的1934年，巴塔耶几乎未曾动笔。民主共产圈解体了；《社会批评》停刊了。鲍里斯·苏瓦林对巴塔耶怀恨在心——必定也羞辱过他——甚至在五十年后，当《社会批评》复刊之时，他在序言中谈到与科莱特分手这段往事，但并未提及巴塔耶的角色：仅仅称他是一位"朋友"。[1]同样，雷蒙·格诺在1934年也因为巴塔耶的政治悲观情绪和混乱的私生活而疏远了他。巴塔耶觉得格诺"抛弃"了他。巴塔耶论法国法西斯的专著显然源自与这些人的友谊，源自在民主共产圈和《社会批评》的活动。如果没有这些因素的激励，他可能受这些事件裹挟而无法执笔成书。

巴塔耶与安德烈·马松一起寻求《牺牲》的发表途径。他希望安德烈·马尔罗或许能让该书在伽利玛出版社出版，

---

[1] Boris Souvarine, 'Prologue', *La Critique sociale* (Paris, 1983).

或者马松曾展出插图的让娜·布赫尔画廊会出版这本书。结果两个希望都落了空。然而,他与马松的合著和友谊激励他撰写下一部作品,他也的确在之后两年中有了好几个新的想法。

1933年,马松与编舞家莱奥尼德·马辛(Léonide Massine)合作,将一出名为《预兆》的芭蕾舞搬上舞台;同时,他还在为《牺牲》创作插图。一年后,巴塔耶借用了芭蕾舞名,用于自己的一系列作品:1935年5月在托萨德马尔(Tossa de Mar)登门拜访马松的日记;彼此毫无关联的文章汇编;最重要的是一本二十年后才以《正午的蓝色》为名出版的小说。

根据巴塔耶的描述,小说《正午的蓝色》所叙述的并非他于1934年经历的心理危机,而是对其的反思。[1]《眼睛的故事》出版后的七年之中,除了神话人类学文章之外,巴塔耶再无新的小说问世。巴塔耶在博雷尔医生为洛尔诊治期间又与他熟识起来,这促使他重回小说这一创作形式;如同数年之前,也是得益于博雷尔医生,《眼睛的故事》得以完成。然而,这两本小说有着天壤之别。《眼睛的故事》比较抽象

---

[1] *OC* 7, 459; *My Mother* 219.

第十章 反 攻

严谨,对叙述中那些潜在的"事实"没有兴趣,甚至要嘲讽一番;而《正午的蓝色》具有鲜明的历史性和政治性,以及鲜明的个人色彩。之后的《法国的法西斯主义》是一本有关历史和政治史实及其解读的书,但在这些历史事件如火如荼之际,这本书也超出了巴塔耶的能力所及。而《正午的蓝色》则是他有可能写成的:这是一本有关神话的书。书中,巴塔耶将危机之年中的政治和个人氛围转化为神话语言,或者更确切地说,是一种对神话进行悲剧性描述的语言。《正午的蓝色》是一个以当下为场景的悲剧,故事写道:"几天前(不是噩梦,而是确有其事),我来到一座城市,看起来像一个悲剧发生的场景……"[1] 叙述者坚称他的故事不是一场噩梦,这显然是为了与力求再现梦境的超现实主义叙事划清界限。

《正午的蓝色》中的人物都直接或间接地根据巴塔耶的朋友和熟人描绘而来。西蒙娜·韦尔就是故事中那个丑陋的"基督徒"革命者拉扎尔的人物原型。(韦尔的朋友、传记作家西蒙娜·彼得勒芒 [Simone Pétrement] 曾是巴塔耶在国家图书馆的同事,他指出了二者之间的相似之处。[2])西尔

---

[1] *Romans* 121; *Blue of Noon* 23.

[2] Simone Pétrement, *La Vie de Simone Weil* (Fayard, 1973), p.308.

维娅在故事中化身为埃迪特（取自她在电影《朗基先生的罪行》中扮演的一个角色名，也是此时巴塔耶一个女朋友的名字）。当然，从多萝西亚（故事中被唤作多蒂）这位另类女主角身上可以看出洛尔的特点，尽管此时巴塔耶生活中的其他女性也有类似特征。例如，巴塔耶和埃迪特经历的旅行，故事中的另类男主角也和多蒂经历过。但总而言之，如果我们将巴塔耶生活中的人物与小说中的角色完全对号入座，那就完全误解了巴塔耶的思想和作品。克赛尼是一个在表现坦率和仁慈时都整齐划一的人，一个自不量力的笨蛋，显然与先锋派文学圈中的某个成员颇为相似，但要具体指出是何人，这无法做到。

故事中的场景反映的都是真实的地方，这些地方，巴塔耶或亲自去过，或间接有所了解。开篇场景是他分别于 1920 年和 1927 年去过的伦敦。第一部分发生在特伦托，虽然从文本中并不容易辨别。第二部分大多发生在巴黎和巴塞罗那，后者巴塔耶曾多次和安德烈·马松一同访问过。他也曾听说 1934 年 10 月发生在那里的骚乱事件，是从参与暴乱的朋友口中得知的。故事结尾描述的旅行类似巴塔耶和埃迪特 1934 年 10 月的德国之旅。

然而，这些参照的来源都不足以解释《正午的蓝色》这

第十章 反攻

部小说。首先，虽然这本书中的场景都是现实中能够辨别的地方，但小说如梦似幻的时间感，小说的叙述在时间上前后跳跃，某些时刻被浓缩和精简了，叙述者有些时刻失去了意识，但对于其他时刻的细节却刻画入微。其中的故事在小说中被次第重复，虽然前后的形式稍有变化。详细描写的梦境似乎是某种征兆，但后来才发现这些梦毫无意义。叙述视角反复变换，词汇之间缺乏联系。《正午的蓝色》提出了所有形式的挑战，挑战因果关系和解读，挑战心理分析的见解，甚至挑战心理世界的深度，并最终挑战了政治手段、动机和结果。

如原书名所示，这本书力图成为"预言"之作，从中看到未来的前兆。但这些预兆似是而非；它们也许是有意义的，也许并没有。作为一本以当下的现实为依据的小说，《正午的蓝色》是命运的神符。这些神符在文本中表现为拼贴画中的元素：因为《正午的蓝色》是由收集起来的碎片构成的拼贴作品，值得深思。*W.C.* 是早期巴塔耶中途放弃的一部残篇，《正午的蓝色》的引言部分原样照搬了 *W.C.* 第一章的内容。第一部分则照搬了他在 1934 年 8 月与洛尔热恋中写成的自传作品。第二部分（至少大部分内容）以及小说的主体于 1935 年 5 月在托萨写成。（巴塔耶在这月中题为"预言"

的日记记录了他写书的进展。)第二部分频繁重复前两章以及其他作品中的故事。小说在展开这些故事过程中强行加入了评论、诠释和反思。如他后来所解释的:"《正午的蓝色》表现出的种种怪异荒诞完全源自我深陷其中的痛苦。"[1] 小说文本的偏执、重复和无序反映了作者痛苦和执迷的精神状态。现实与虚构重叠碰撞,在诠释的狂乱中放大和消解彼此。

《正午的蓝色》在反思中搅动翻腾,如同一场时间的游戏,也就是历史和谱系的游戏,这既指直接意义上的父母与孩子之间的关系,也指更大的尼采意义上的谱系价值。在孩子是否继承父亲的律令和价值这个问题上,这两种意义发生了关联。《正午的蓝色》引言中,多蒂讲述了一个自己母亲的故事,将自己的所作所为归因于母亲早年的放任不羁。第一部分中,叙述者亨利碰到了大统领(唐璜传说中的父亲形象)的鬼魂:亨利希望自己"盲目的愤怒"能驱除这个"老男人的尸体"。[2] 篇幅较长的第二部分频繁提及这些关系,难以计数。而最为重要的是亨利两次描写自己的恋尸癖——他在母亲的尸体前手淫——以及在书的结尾碰到希特勒青

---

[1] *Romans* 112; *Blue of Noon* 154.

[2] *Romans* 122; *Blue of Noon* 24.

第十章 反 攻

年团。在一本充斥着阳痿男人和摇摆革命者的书中，青春年少的纳粹分子阳刚雄健（甚至性欲勃发），行事果断，令人耳目一新。[1] 相反，亨利却阳痿无力，除非受到死亡联想、图像或念头的刺激。他要求不同女性扮成死尸，或者直接装死，还对着母亲的尸体手淫。亨利的恋尸癖与其行为放荡有关。妓女是放荡的，所以能激起他的欲望。但多蒂却令他萎靡无力——如同蛇发女妖美杜莎——因为她放荡至极。想到死亡，他就兴奋，但死亡本身——大统领的幽灵——却可能将他彻底逼疯，导致他自身的死亡。书中提出了谱系和历史问题，即儿童遵从长辈，直至死亡，死亡本身提供了引导文化的诱惑。自我毁灭的本能喷薄而出。

小说的戏剧性张力源自每个人物在此矛盾的两极之间摇摆不定。埃迪特厌恶亨利的懦弱背叛，厌恶他不能控制自己的过激行为。为了归属一个充满革命或艺术极端思想的世界，克赛尼愿意做任何事情，但她并不完全懂得那个世界以及需要付出的代价。拉扎尔需要的是革命，而不是革命的暴力，至少起初并不需要。亨利愈发陷入过激行为，甚至变得愈发狂乱；小说结尾处，他在葡萄园里向多蒂大献殷勤。故

---

[1]　*Romans* 205; *Blue of Noon* 151.

事中的角色虽然源自现实中的真实人物,但都一一表达了有关这一问题的所有可能的立场。

在一场叙述者与拉扎尔(韦尔在小说中的化身)之间的谈话中,巴塔耶与西蒙娜·韦尔就革命的性质以及革命的暴力展开了理论争辩。对此,巴塔耶总结道:

> 亨利:"即使发生过战争,所反映的也是我脑子里发生的事情。"
>
> "但战争怎么可能反映你脑子里想的任何事情呢?难道战争使你很开心吗?"
>
> "为什么不呢?"
>
> "那么你认为战争能带来革命?"
>
> "我谈的是战争,不是战争能带来什么。"[1]

当四年后战争终于降临之时,巴塔耶的立场发生了变化。但20世纪30年代中期,他坚信不疑,至少在小说中是这样的。

写完这本书后,巴塔耶将书稿交给莱里斯、马松和画商丹尼尔-亨利·康维勒等好友传阅。[2] 他们对此书兴奋不

---

[1] *Romans* 133; *Blue of Noon* 42.
[2] 参见 *Romans* 1036 ff。

第十章 反 攻

已,康维勒还特意游说安德烈·马尔罗在伽利玛出版社出版该书。但此事之后就没了下文,巴塔耶也未追问。一年之内,他将此事搁置一边,开始了其他工作。"面对悲剧本身,为何要关注其预兆呢?"巴塔耶日后如此描述小说写成后的十年未能出版的经历。[1] 但他没有完全放弃。1936 年,他出版了第一部分,所用标题与整部小说最终在《牛头怪》杂志发表时所用书名一致,还有安德烈·马松创作的配图和配诗。1943 年,他又将这部分小说收入了《内在体验》。两年后,源泉出版社(Editions Fontaine)以"多蒂"为标题出版了《正午的蓝色》中的引言部分,形式稍有改动。《正午的蓝色》一直与巴塔耶其他积压如山的手稿和书稿堆在一起等待出版,但期间也以零散的篇目不断发表问世,作者显然对这部偏执之作非常痴迷。

《正午的蓝色》使用悲剧神话的语言重新思考了当代的政治格局。1934 年 2 月,就左翼政治势力采取什么路线才能与法西斯主义角力这一问题,巴塔耶向皮埃尔·卡昂提出建议。这个建议的核心就是以悲剧神话语言重省当代的政治格局这一姿态。巴塔耶在创作小说的同时发起了一场运动,他

---

[1] *Romans* 112; *Blue of Noon* 154.

希望借此将神话的语言和能量引出小说领域,进入现实政治世界。这场运动最终被称作"反攻"。[1]

1935年4月,即巴塔耶向皮埃尔·卡昂提出建议后的一年,他和卡昂、让·多特里(Jean Dautry)向众多朋友和同志发送了一张卡片,上面以寥寥数语问道:"怎么办?/关于法西斯/鉴于共产主义力量较弱。"[2] 卡片上还提议几天后召开第一次会议,地点就在民主共产圈曾数次集会的那家咖啡馆。"反攻"运动的形成就是源自这最初的动力,因此应被视为直接延续了巴塔耶在民主共产圈的活动。皮埃尔·卡昂和洛尔的旧爱让·贝尼耶都是这场运动在不同阶段的活跃分子,如同他们在民主共产圈时一样。但"反攻"运动与民主共产圈大不一样,不仅人员队伍有所拓展和变化,而且根本立场迥异:"反攻"运动起于巴塔耶与西蒙娜·韦尔的辩论消退之际。

身为"反攻"运动的骨干,巴塔耶为了发展自己的队伍,从民主共产圈以及新结交的朋友中吸纳了几位成员。

---

[1] 玛丽娜·加莱蒂(Marina Galletti)所编的 *L'Apprenti Sorcier* (Paris, 1999)是记录巴塔耶在这个时期政治思想和活动演变的重要参考书。有关"反攻"运动,请参照 pp.119—298。

[2] Galletti, *L'Apprenti Sorcier*, p.124.

第十章 反 攻

米歇尔·莱里斯认为该运动"文学色彩太重",因此不以为然。[1] 但其他一些朋友却持赞同的态度。在当年科耶夫的研讨班上,巴塔耶结识了雅克·拉康;通过拉康又认识了年轻的罗杰·凯卢瓦。凯卢瓦此时二十二岁,是马塞尔·莫斯和乔治·迪梅齐(Georges Dumézil)的学生中比较早慧的一位。他和巴塔耶一样来自兰斯。巴塔耶在那段时间还结识了皮埃尔·克罗索斯基,后者有关萨德的文章开始发表在科伊雷的《哲学研究》杂志。在这些新的合作者中,罗杰·凯卢瓦对于这场运动最为积极,至少起初是这样的。他建议称之为"革命知识分子协会"。

在苏瓦林的民主共产圈,巴塔耶在咖啡馆参加的那些讨论乏善可陈,他的文章和书评都投给了《社会评论》。在"反攻"运动中,他致力于通过团队合作从事写作,使该组织成为革命活动的中心。整个夏天,巴塔耶起草了有关该运动原则的文件,并递交卡昂、凯卢瓦等人,听取他们的意见后加以修改。

随着巴塔耶的计划得到落实,卡昂和凯卢瓦与这场运动

---

[1]　Georges Bataille and Michel Leiris, Échanges et *correspondances* (Paris, 2004), p.210.

也渐行渐远，但同时也赢得了新的拥护者。那年夏天，这个超现实主义组织参加了"第一届守护文化国际作家大会"。这场由共产主义者发起的盛会是反法西斯知识分子的论坛。与路易·阿拉贡一样，勒内·克勒韦尔也是大会的组委会成员。克勒韦尔和阿拉贡都在政治忠诚问题上与超现实主义者分道扬镳。但克勒韦尔并未完全与超现实主义者决裂，在大会上仍然为布勒东安排了亮相的机会。伊利亚·爱伦堡（Ilya Ehrenburg）清楚布勒东是反对苏联政治制度的，因此不愿听到他在大会发言。由于爱伦堡的阻扰，超现实主义者未能在大会议程中获得一席之地，克勒韦尔对此深感沮丧和愧疚，并因此结束了自己的生命。最终，超现实主义者获得了发言的许可，但时间安排在深夜，几乎没有人在场听艾吕雅念布勒东的发言稿。只有路易·阿拉贡还有兴趣去反驳他的讲话。到大会结束时，即1935年夏末，这个超现实主义组织实际已从法国左派政治中消失了。

尽管布勒东对巴塔耶有所疑虑——二人在过去的五年中相互攻击——"反攻"运动还是为超现实主义者提供了政治激进主义的载体，这种激进主义是革命的左派特征，但也以当时时兴的形式批判共产主义。1935年11月，巴塔耶组织"反攻"运动公开会议时，超现实主义者已经成为运动的组成部

第十章 反　攻

分。超现实主义者还将萨德研究者莫里斯·海涅吸收进了他们的组织。20世纪20年代初，海涅曾是激进的共产主义者，之后转而致力于出版"神圣侯爵"的作品。

"反攻"运动就这样突然拉开了序幕：

> 任何为了民族主义和世袭封建思想而遏制革命的倾向，无论表现为何种形式，我们都坚决反对。我们对所有那些全力以赴、毫无保留的人大声疾呼，呼吁他们摧毁资产阶级权威及其政治制度。[1]

"反攻"运动提出建立反资产阶级、反议会制、反民主制、反教会和反共产主义的联合阵线，共同反对法西斯主义。它提出在政治上回归人民的意志，并使人民回归自己的政治意志。这既区别于资产阶级的统治，也有别于共产主义或革命知识分子的统治。"反攻"运动站在工人阶级一边，而非革命者。"能决定当今社会命运的是成分各异、恪守纪律的狂热力量进行的有机创造，这种力量在未来的日子里能发挥巨大的威力。"[2] 为了重开与西蒙娜·韦尔似乎已告一段落的

---

[1] *OC* 1, 379.

[2] *OC* 1, 380.

争论，巴塔耶写道："我们相信，力量较少来自策略，而较多源于群情激奋。群情激奋只能通过语言达成，语言并不触及理性，而诉诸群众的激情。"[1]

法西斯主义曾利用"人们与生俱来的进取心，使他们得意忘形，忘乎所以"，而"反攻"运动意在利用这种得意忘形，谋求"人类普世的利益"。[2] 法西斯主义通过压迫性的三位一体——"父亲、国家、老板"，即父权主义、民族主义和资本主义——在法国获得了立足点。为了追求普世利益，"反攻"运动将此三者全部否定。相反，它提出了全新的社会秩序，也即新的道德秩序。其用意在于将革命活动从基础结构层面转入上层建筑，如巴塔耶在《耗费概念》和《法西斯的心理结构》这两篇文章中所指出的那样。守护新道德秩序的思想家分别是萨德、傅立叶和尼采：萨德主张无神论思想；傅立叶坚持认为人的快乐是人类劳动的决定性价值；尼采愿意"消灭所有的道德奴役"。[3]

1935年12月和1936年1月期间，"反攻"运动在格兰奥古斯坦街（毕加索的画室就在这条街上）和圣许毕斯教堂

---

[1]　*OC* 1, 411; *Visions of Excess* 167.

[2]　*OC* 1, 382.

[3]　*OC* 1, 392.

第十章 反 攻

旁的咖啡店举行公开会议。1月的会议定于21号举行，以纪念路易十六被送上断头台。巴塔耶、布勒东和莫里斯·海涅分别就不同的题目发言，如同这些结构松散的会议上其他人的发言一样。然而，紧张和冲突已经开始撕裂这个组织。在他们之中，并不是所有人都有政治抱负：例如，随着女儿奥布于12月出生，布勒东对父亲这个新角色感到兴奋，因此分散了精力。更严重的是，在同月发表于《费加罗报》的一篇访谈中，布勒东将"反攻"运动的功劳完全据为己有，这自然激怒了巴塔耶，也破坏了这场运动的氛围。3月，该组织发表了让·多特里的一篇措辞严厉的谴责声明——《法国炮火下……》("Sous le feu des canons Français..."），其中声称"反攻"运动的成员青睐希特勒式的"反外交残暴"，而反对"外交官和政治家的口舌伎俩"，这是巴塔耶和布勒东都不能苟同的。[1] 一个月后，巴塔耶提笔为该组织撰写了一份文件，并代替布勒东在文件上签字，但之前并未征询他的意见，甚至没有通知他。1936年5月，第一期也是唯一一期《反攻笔记》（*Cahiers de Contre Attaque*）终于出版，但这个联盟也于此时解体了。在发给出版社的集体声明中，超现

---

[1] *OC* 1, 398.

实主义阵营否认与该组织以及《反攻笔记》有任何瓜葛,并谴责其"超法西斯主义倾向"。[1]让·多特里创造的"超法西斯主义"一词具有正面意义,指"反攻"运动意图以法西斯主义本身的神话为工具,超越法西斯的国家主义局限。然而,这个标签以及由此所意外招致的污名是巴塔耶所难以摆脱的。

---

[1] 转载于 *OC* 1, 672—673。

第十一章　阿塞法勒

1936年4月，巴塔耶开始设想一种新型团体，更多以宗教而非政治为导向。4月4日，他起草了组织章程，显然是为"反攻"运动而写，但也形成了日后阿塞法勒（Acéphale）组织纲领的雏形。阿塞法勒这个词本身出现在纲领中用以描述一个宇宙，一个以风险而非责任定义的宇宙：与"国家"恰恰相反。[1]

巴塔耶辞去了"反攻"运动秘书长的职务，去了西班牙的托萨德马尔，打算4月住在安德烈·马松那里。这个月，他一直在写作。他为《阿塞法勒》杂志写了办刊方针：《神圣的阴谋》（"The Sacred Conspiracy"）和《在我眼睛的存在中》（"In My Own Eyes Existence"）的开篇评注。马松与他交谈后，根据谈话内容勾勒出一个人形：无头人身，非人

---

[1] Marina Galletti, ed., *L'Apprenti Sorcier* (Paris, 1999), p.282.

非神,双脚牢牢立于大地,私处是一个死神的脑袋,腹部是一个迷宫,胸部是两颗星星,一只手持刀,另一只握着燃烧的心脏:阿塞法勒。

> 在我自己之外,我遇到了一个让我大笑的人,因为他没有脑袋;这让我感到恐怖,因为他是由清白和罪恶构成的;他左手拿着钢铁武器,右手则是如同圣心的火焰。他在同一场爆发中集合了生与死。他不是人,也不是神。他不是我,但大于我;他的胃是一个迷宫,他在其中迷失了自己,同时也迷失了我,我发现自己就是他,就是一个怪兽。[1]

阿塞法勒让人想起诺斯替教的无头神和发出驴叫的肛门,但也想起尼采的"超人"(übermensch);通过克服自身,一个人可能成为超越人类的存在。对于阿塞法勒和尼采的超人而言,"时间成了癫狂的对象"。[2] 阿塞法勒也是一头怪兽:无头怪人是独一无二的,独特性对巴塔耶而言就如同怪兽一般可怕,对萨德而言也是如此。法文中,阿塞法勒也是双关

---

[1] *OC* 1, 446; *Visions of Excess* 181.

[2] Galletti, *L'Apprenti Sorcier*, p.478.

第十一章 阿塞法勒

语，内含"assez"（足够的）和"phallus"（阳具）。

6月，巴塔耶发表了《神圣的阴谋》，作为《阿塞法勒》杂志的创刊文章。这篇文章还配以马松的插图以及皮埃尔·克罗索斯基论萨德兽性概念的短文。神圣的阴谋是集体的阴谋，抑或不是。"我所思考或再现的，"巴塔耶写道，"我并未对其作孤立的思考或再现。"[1] 巴塔耶的描述有助于理解马松的图画，而图画又激发了巴塔耶的写作和思考，巴塔耶的写作和谈话又感染了克罗索斯基，如此这番循环往复。

> 我正在一座寒冷的渔村小屋中写作；夜里有条狗刚刚叫过。我的房间挨着厨房，安德烈·马松正在那里高兴地走来走去，一边还唱着歌；就在我写作的此时，他刚才把一张《唐乔瓦尼》序曲的唱片放进了留声机；《唐乔瓦尼》序曲比任何东西都能将我的人生阅历与挑战联系起来，这种挑战将我解脱出来，欣喜若狂地逃离自身。就在此时，我看着这个无头兽——这个由两个同样兴奋的执念组成的闯入者——变成"唐乔瓦尼的坟墓"。[2]

---

[1]　*OC* 1, 446; *Visions of Excess* 181.

[2]　*OC* 1, 446; *Visions of Excess* 181.

安德烈·马松画的第一期《阿塞法勒》封面,1936。

阿塞法勒的形象——源于两个执念,巴塔耶的和马松的,或者可能就是性和死亡——成了一个思考的场域,成了一座从《眼睛的故事》和《正午的蓝色》的书页中拉扯出来的坟墓。这里,巴塔耶的写作再次回归日记的形式,记录每日发生的事件,记录那些滑过日常进入神圣之域的逝去时刻。

5月份,巴塔耶回到巴黎,向"反攻"运动的朋友们提出了《阿塞法勒》杂志的出版计划。居伊·莱维-马诺出

第十一章 阿塞法勒

版社于6月出版了杂志的第一期，并于12月出版了巴塔耶和马松的《牺牲》。7月，在好明星咖啡馆的地下室，巴塔耶召开了这个新组织的第一次会议。第一次会议的组织工作是围绕刊物第二期的出版计划进行的：这一期的主旨是让尼采与纳粹划清界限。六个月后，第二期出版，一部分文章的作者为巴塔耶、克罗索斯基、让·罗兰（Jean Rollin）、让·瓦尔以及尼采本人（文章关于赫拉克利特），还有马松新画的插图。第一期出版一年之后，以酒神狄俄尼索斯为专题的第三期问世，撰稿人名单中又新添了罗杰·凯卢瓦和朱尔·莫内罗（Jules Monnerot）。之后，米歇尔·莱里斯和莫里斯·海涅曾打算向专论色情的那一期投稿，但该期杂志最终未能出版。1938年，莱里斯的《斗牛的镜子》（*Miroir de la tauromachie*）作为阿塞法勒丛书的一卷出版了，丛书主编是巴塔耶，出版商是居伊·莱维－马诺。马松为书中一篇纪念已故科莱特·佩尼奥的文章创作了插图。《斗牛的镜子》是该系列丛书中唯一出版的一卷，其他都夭折了，巴塔耶本来也计划为丛书贡献一册，名为《色情现象学》。

正如《社会批评》不只是苏瓦林民主共产圈的内部刊物，《阿塞法勒》也不是巴塔耶同时成立的组织的内部刊物，二者几乎没有关联。实际上，阿塞法勒视自身为秘密社团，这并不是说活动要向未参加者保密,而是说这是一个严格意义上的秘密社团,一个建立在不能言说的神秘之上的组织。该组织有自己的"内部刊物":记录其活动及成员撰写的相关著述。[1]而《阿塞法勒》与之不同,它汇集了相关的文本和图像,以激励这个与刊物同名的组织,但文本和图像未必出自组织成员之手。

除了巴塔耶之外,既向《阿塞法勒》撰稿又参与组织活动的只有皮埃尔·克罗索斯基和乔治·安布罗西诺。一向特立独行的安德烈·马松一直居住在托萨,他再也不需要别的借口以保持独立:他开始为该刊撰稿,但不参与组织的活动。罗杰·凯卢瓦对于巴塔耶计划创作一部充满敌意和破坏力的神话作品感到可笑:他也为该刊撰稿,但未加入该组织。米歇尔·莱里斯此时正在忙于撰写有关多贡人秘密语言的民族学学位论文;和凯卢瓦一样,他也无意参与神话作品的创作实践。20世纪30年代初期,莱里斯本人已经被接纳为多贡宗教仪式的参与者。当巴塔耶还梦想着成为某个秘密团体宗教仪式的成员时,莱里斯已经实现了这一目标,巴塔耶对此大为震惊。[2]虽然阿塞法勒的相关档案偶尔也提到莱

---

[1] 参见 Galletti, *L'Apprenti Sorcier*, p.336。

[2] *OC* 8, 171; *The Absence of Myth* 36.

第十一章 阿塞法勒

里斯，但我们可以想象巴塔耶并不愿说服或强迫他参与这个组织。一群即将成为秘密仪式成员的人不太需要这样一位先于他们的成员参与其中。

阿塞法勒组织的核心成员来自"反攻"运动，因此也源自民主共产圈：乔治·安布罗西诺、雅克·沙维（Jacques Chavy）、勒内·舍农（René Chenon）、让·多特里、皮埃尔·杜根（Pierre Dugan，又名皮埃尔·安德莱 [Pierre Andler]）、亨利·迪萨（Henri Dussat）、伊姆雷·凯莱门（Imre Kelemen）、皮埃尔·克罗索斯基和让·罗兰。之后，帕特里克·沃登伯格、伊莎贝尔·沃登伯格（出生于法纳）、米歇尔·科克（Michel Koch）和托罗·冈本（Toro Okamoto）加入或考虑加入其中。尤其是帕特里克和伊莎贝尔是该组织最后一年中不可或缺的成员：他们与巴塔耶居住在马尔利森林附近的圣日耳曼昂莱，在此举行会议。1937年2月，巴塔耶撰写了阿塞法勒组织"内部刊物"的第一部分。其中，他回顾了这个组织的源头：上溯到1935年4月，他和让·多特里、皮埃尔·卡昂发起了后来的"反攻"运动；进一步上溯至1925年，他和莱里斯、安德烈·马松、尼古拉·巴赫金曾考虑成立"崇拜酒神"的尼采式秘密社团，取名"犹大"。

1936年10月，阿塞法勒组织正筹备第一次正式会议，巴塔耶再次前往多萨拜访马松。这一次，洛尔与其一同前往。从1934年1月与巴塔耶有染，到之后因病住院，以及整个1935年，洛尔长期与鲍里斯·苏瓦林分居。1935年，她和苏瓦林一同去了西班牙：此举意在表现他们与西班牙共产党人的团结，可能也是为了表现二人之间的团结。但是1936年9月，她彻底和苏瓦林分了手。这时，在一场声援从感化院逃出的青年女子的政治游行中，她与巴塔耶——还有加斯顿·费尔迪埃（Gaston Ferdière, 后来成了安托南·阿尔托的医生）、乔治·于涅（Georges Hugnet）和莱奥·马莱（Léo Malet）——一同被捕。[1] 确定无疑的是，巴塔耶和洛尔在这一年终于结为夫妻。

但洛尔并未成为阿塞法勒的核心成员，甚至并不经常参加活动。去世时，她的遗稿中的确包括几页有关阿塞法勒的材料，她姓名的首字母确实和那些（巴塔耶确定于1937年12月招募的）组织成员的姓名首字母出现在了一起。[2] 但她的名字并不经常出现在与组织相关的其他档案材料中。[3] 也

---

[1] 参见 Michel Surya, *Georges Bataille* (London, 2002) 227。

[2] Galletti, *L'Apprenti Sorcier*, p.433.

[3] Laure, *The Collected Writings* (San Francisco, 1995), pp.58ff.

第十一章 阿塞法勒

许将她看作位于组织边缘的影子人物是最为恰当的,这与她几年前在民主共产圈中的情形一样。

《阿塞法勒》的前四期都有"宗教、社会学、哲学"这一副标题(第五期和最后一期没有副标题)。虽然插图是由安德烈·马松创作的,但《阿塞法勒》超越了艺术领域。在一封写给巴塔耶的书信中,马松兴奋地指出《阿塞法勒》是与众不同的:有别于艺术、文学、政治和科学。[1]"传统的诗歌和神话形式已经死亡,"巴塔耶以简洁的语言写道:必须发明新的形式。[2]这一观点由于巴塔耶对于超现实主义的否定而得以深化——即巴塔耶长期以来认为超现实主义因局限于艺术而成了一场无足轻重的运动。

《阿塞法勒》第一期的开头就引用了萨德、克尔恺郭尔和尼采的话。此时,"反攻"运动的三位精神领袖中,傅立叶已经被克尔恺郭尔取代。巴塔耶引用道:"这个看起来像是政治或想象自己是政治的东西,有一天会揭开自己的面纱,发现是一场宗教运动。"[3]对"反攻"运动的成员来说,政治运动已经过时。巴塔耶在《阿塞法勒》杂志上写道:"我

---

[1] Galletti, *L'Apprenti Sorcier*, p.307.

[2] Galletti, *L'Apprenti Sorcier*, p.370.

[3] *OC* 1, 443; *Visions of Excess* 178.

们充满宗教激情……我们所开始的是一场战争。"[1]

阿塞法勒作为超越了时代的先锋性组织对一个穷兵黩武的世界造成了冲击，它接受了赫拉克利特的思想，认为宇宙就是一种冲突。阿塞法勒从尼采那里接受了一个观念，即战争以及政治革命和情欲放纵构成了这个时代"对想象力的最强刺激"。[2] 在《临死的快乐实践》（"The Practice of Joy Before Death"）一文中，巴塔耶提出了赫拉克利特式的思考："我自身就是战争。"[3]

> 目前的这场战争是一场肆虐且极具破坏力的无妄之灾。但是，我们仍有可能发现时间作为人类母亲的广大无边，在混沌中骤降，无比混乱，对上帝无限的毁灭。[4]

在阿塞法勒的眼界中，宇宙就是冲突、混沌和灾难，没有上帝，因此值得庆贺。

几年后，在为《有罪》写序的笔记中，巴塔耶承认第二

---

[1] *OC* 1, 443; *Visions of Excess* 179.

[2] *OC* 2, 392ff.

[3] *OC* 1, 557; *Visions of Excess* 239.

[4] Galletti, *L'Apprenti Sorcier*, p.480.

第十一章 阿塞法勒

次世界大战爆发前的几年中,他很想"创立一种宗教"。但他认识到此举是个"可怕的错误",尤其因为这证明了任何这样的想法都是不可能实现的。[1] 神圣的东西是无法被激发而成的,不能蓄意而为:它处于人的意向性范围之外。但在战前几年中,巴塔耶力图克服这一局限:他拼命尝试创立一种矛盾的宗教:神之死的宗教。

在圣日耳曼昂莱城外的马尔利森林,阿塞法勒在每月的月圆之夜集会。之前以便笺通知成员抵达的时间和方式,即何时乘坐哪列火车。他们都在沉默中悄然而至。新加入的成员——巴塔耶称之为"幼虫"——由乔治·安布罗西诺作为他们的引导,悄无声息。会议在森林中一棵被闪电劈到的树木旁召开。巴塔耶扮演牧师的角色,橡树就是他的讲坛,以一匹马的头骨作为装饰。与会者歃血为盟,所用的刀似阿塞法勒人像中的那把。有经验的成员不会和任何人说起他们在这里的所见所为。春秋两季的季节性会议是进行讨论和阐述的时刻。如遇紧急时刻,可由一两名成员提议召集临时会议。

1936年年末,在该组织的支持下,巴塔耶计划在协和广场的卢克索方尖碑下泼一摊血,然后将发现路易十六的头骨

---

[1] *OC* 6, 373.

协和广场上的埃及方尖碑,巴黎。

的消息通知给媒体。他想签上萨德的字。方尖碑位于协和广场的中央,两旁是香榭丽舍大道入口处的泥灰岩马匹雕像。两处马匹群雕与方尖碑形成的三角形的中心曾是断头台的位置,断头台代表了法国大革命的形象和焦点以及共和国的罪恶源头。这里现在是"空地,车水马龙,川流不息"。[1] 对巴塔耶而言,方尖碑是"脑袋和天堂最纯粹的形象",对神

---

[1] *OC* 1, 512; *Visions of Excess* 221.

第十一章 阿塞法勒

之死"最冷静的否定",也是对时间本身的否定。[1] 在方尖碑这个形象中,革命的暴力让位于帝国凝固的政治。阿塞法勒通过接受神的死亡和时间的灾难,意图颠覆这个帝国。

火把和月光照亮了森林,这是《金枝》中的一幕场景。在这片森林中,巴塔耶带领组织成员冥想临死快乐这一概念。在《牺牲》中,巴塔耶指出人的形象是一种脆弱的偶然性,即一个终将死亡的自我。在阿塞法勒的组织里,那个形象在根本上具有神话特征。接受生命完全是一种偶然性,就是接受每个个体完全是独特的。在深思中寻找自身偶然性的感受,就是寻找自身潜能的极限,即自身独特的可能性的极限。思考自身可能性的极限,终究无异于思考自身的不可能性,即自身的死亡。这与简单地思考抽象的或脱离肉体的死亡是不同的。思考自身的死亡是痛苦的、个人的和独特的。

阿塞法勒的目标是"找到或重新发现存在的全部";换言之,即寻找一个人作为单个身体和作为宇宙中的身体所可能具有的整体或全部存在。[2] 这项志业源自赫拉克利特和尼采,也源自萨德侯爵。萨德笔下的主人公在寻找独特快乐的

---

[1] *OC* 1, 504; *Visions of Excess* 215.

[2] Galletti, *L'Apprenti Sorcier*, p.375.

过程中都兽性大发,他们知道自身与自然的关系以及在自然中的位置是偶然的。当尼采的疯人宣布上帝的死亡,同时也宣告了上帝创造的人的死亡、基督教宇宙观念的死亡以及基督教社会的死亡。为了兑现这些宣言,阿塞法勒提出了一种基于成员独特性的社会,也即一种差异的社会。

在阿塞法勒对临死快乐的追求中,必须拒绝厌倦,只为诱惑而生。[1] 作为对生命整体性的赞美,临死快乐提出了"寻找癫狂的唯一诚实的思想路径"。[2] "当我们将极度快乐与可怕的死亡联系起来,将嘲讽与痛苦联系起来,我们便实现了一种胜过一切的解放。"[3] 少年时代在父亲的疯话中初尝的颠覆体验,在阿塞法勒的活动中得到了最彻底的实践。

在之后两年中,通过成员之间的讨论和写作,阿塞法勒这个组织慢慢形成了"11 条攻击",即该组织的基本准则:

1. 偶然性

   而非弥撒

2. 集体团结

   而非个人欺骗

---

[1] *OC* 1, 443; *Visions of Excess* 179.

[2] *OC* 1, 554; *Visions of Excess* 236.

[3] Galletti, *L'Apprenti Sorcier*, p.382.

第十一章　阿塞法勒

3. 选举制集体

   有别于血缘、土地和利益形成的集体

4. 悲剧性自我献祭的宗教力量

   而非基于贪婪和克制的军事力量

5. 变动不居、打破局限的未来

   而非一成不变的旧观念

6. 悲剧的违法者

   而非可怜的受害者

7. 自然的无情和冷酷

   而非仁慈上帝的堕落形象

8. 自由、毫无节制的大笑

   而非任何形式歇斯底里的虔诚

9. "热爱命运",即使对其中最残酷者

   而非抛弃悲观者和痛苦者

10. 立场和一切基础的缺失

    而非坚固的外表

11. 临死快乐

    而非一切不朽 [1]

---

[1]　Galletti, *L'Apprenti Sorcier*, pp.464—465; *OC* 2, 385—386.

第十二章　社会学学院

1937 年，在创办阿塞法勒及同名刊物的同时，巴塔耶协助成立了另外两个大学体系之外的工作小组：社会学学院（College of Sociology）和集体心理学协会（Society for Collective Psychology）。两个小组都与阿塞法勒有着直接或间接的联系，彼此之间也是如此。

巴塔耶后来将社会学学院描述为阿塞法勒的"外部活动"。[1] 这种说法究竟有多少真实性，难以弄清。这个学院不是一个授予学位的机构，而是社会学研究者们发表系列讲座和集会的场所。学院所关心的话题都是阿塞法勒的核心论题——神圣、神话、黑格尔、悲剧、萨满教、革命——社会学学院开办期间，《阿塞法勒》停刊，可能表明这个刊物无须与学院双周一次的系列会议同时存在。毕竟，多数《阿塞

---

[1]　*OC* 7, 461; *My Mother* 220.

法勒》的撰稿人也是学院的讲演者。但是,阿塞法勒组织的成员并非如此。巴塔耶本人继续从事写作,不仅写学院的演讲稿以及阿塞法勒"内部刊物"的文件,而且还写论文,发表于《衡量》(*Mesures*)、《神韵》(*Verve*)和《法国小说评论》(*Nouvelle Revue Française*)等刊物。

集体心理学协会与另外两个组织的关系没有那么紧密。协会的创会成员包括勒内·阿伦迪(René Allendy)、阿德里安·博雷尔、保罗·席夫(Paul Schiff)、皮埃尔·雅内(Pierre Janet)、米歇尔·莱里斯和巴塔耶,但到了第二年,协会扩充至四十人左右。皮埃尔·雅内的知名度远超其他人,因此担任协会的主席。巴塔耶是副主席,阿伦迪担任财务秘书。1937年4月,协会计划研究"心理因素(尤其是无意识因素)在社会事件中发挥的作用,综合各个孤立学科中迄今所取得的研究成果"。[1] 除巴塔耶之外,只有米歇尔·莱里斯和乔治·迪蒂(Georges Duthuit)是既在集体心理学协会,又在社会学学院演讲者之列。在协会中,巴塔耶一人就代表了阿塞法勒。集体心理学协会选择了"对死亡的态度"作为协会成立后第一批系列讲座的主题。1938年1月17日,巴塔耶作了

---

[1] *OC* 2, 444.

第十二章　社会学学院

第一场讲座,也许以此显示他在这个主题的选择中发挥了重要的作用。之后的讲座每月举行一次,并一直延续了下来。但是,与阿塞法勒相关的文件并未提到这个协会,虽然这些文件都是关于在临死快乐这一概念基础上创立一种神秘信仰。

仅仅一个季节的时间,这个协会就解散了;而社会学学院则经历了两个季节;阿塞法勒是三个季节。20世纪30年代后期,巴塔耶抛头露面的时间很多,非常繁忙——演讲涉及的话题极其广泛,面对的听众来自各行各业、三教九流——但同时也默默无闻,因为不同场合的听众彼此互不相干,巴塔耶在写作中也从不会同时引起不同人群的关注。而且,巴塔耶在这些年中没有写过一本书,甚至没有作过这样的尝试。唯一与这些互相各异的人群相关的文章——《临死的快乐实践》——发表时并未署作者的名字,况且此时集体心理协会与社会学学院都已解散。尼采去世后留下了著作,但同辈之中几乎无人阅读。与之截然相反,巴塔耶通过讲座和昙花一现的匿名出版物影响了他那个时代的思想意识,但这些工作往往默默无闻,不易为人关注。哲学思想界如果忽略其传记生平,很可能会完全忽略他的重要地位。

1937年7—8月,巴塔耶和洛尔旅行到了意大利的锡耶纳和那不勒斯，游览了埃特纳火山。洛尔去世两年后，巴塔耶回忆起那段经历。他写道：

> 清晨，我们来到深不见底的巨大火山口——精疲力竭；某种程度上，孤独极了，一种奇怪而可怕的孤独：这是伤心痛苦的时刻，我们俯身看着这个星球张开的伤口、裂隙，我们站在那儿呼吸……到了旅行中途，在进入地狱般的区域之时，我们在一条很长的熔岩山谷尽头看到了远处的火山口。很难想象还有任何地方比这里能够更清楚地看到事物那可怕的不稳定状况。突然间，洛尔痛苦得不能自已，开始拼命向前逃跑：我们进入的恐怖孤独之境使她变得疯狂。[1]

1937年，社会学学院在大韦富尔咖啡馆召开了第一次公开会议，但系列讲座本身直到11月才开始。[2] 在3月的会议上，巴塔耶就"巫师学徒"发言，罗杰·凯卢瓦作了

---

[1] *OC* 5, 499—500; Laure, *The Collected Writings* (San Francisco, 1995), p.247.

[2] 参见 Denis Hollier, ed., *Le Collège de Sociologie* (Paris, 1995). 这本书较早的删减版为 *The College of Sociology, 1937—1939* (Minneapolis, 1988). 也见于 Georges Bataille, *La Sociologie sacrée du monde contemporain* (Paris, 2004)。

第十二章 社会学学院

"冬风"的讲话。7月,《阿塞法勒》第三期刊登了《社会学学院创办纪要》("Note on the Foundation of a College of Sociology"),署名者有巴塔耶、凯卢瓦、安布罗西诺、克罗索斯基、朱尔·莫内罗、皮埃尔·利布拉(Pierre Libra)。人们很容易发现,米歇尔·莱里斯并未出现在这个名单之中。这是因为他直到1938年1月开设"日常生活中的神圣"讲座时才加入这个组织。后来,他将刊物和学院视为一体,并与之渐行渐远。

社会学学院明显专注于神圣社会学(sacred sociology),并以界定这一术语为第一要务。11月20日,在盖-吕萨克大街的里弗尔书店画廊的后室,讲座开始了。罗杰·凯卢瓦概述了法国社会学的基本方法论假设,巴塔耶则将社会学解释为一个"合成的存在",各个部分相加后大于整体:简言之,就是由迥然不同的个体构成的集体。巴塔耶研究社会学的本体论方法参考了量子力学领域尼尔斯·博尔(Niels Bohr)等人的研究(显然是在巴塔耶的朋友、物理学家乔治·安布罗西诺的建议之下),将"神圣"描述为"社会集体运动的具体事件"。[1]

---

[1] Hollier, *Le Collège de Sociologie*, p.53; *The College of Sociology, 1937—1939*, p.82.

两周后的第二次会议上，亚历山大·科耶夫以黑格尔为题作了发言。巴塔耶和凯卢瓦是在科耶夫的研讨班上结为好友的，此时已在研讨班共同度过了四年时光。考虑到科耶夫与该组织成员之间的友谊以及对其产生的影响，他此时出现就不足为奇了。但令人奇怪的是，这位哲学家出现在了社会学学院演讲者的名单之列。科耶夫的出现证明了该学院力图重新深入思考法国社会学的方法论假设。

作为对其讲座的回应，巴塔耶给科耶夫写信，表达自己与黑格尔思想的不同之处，书信文字之简洁，前所未有。后来，他将此信收入《有罪》出版。

> 如果行动（"做"）——如黑格尔所说——为否定性，那么一个"无所事事"之人的否定性是否因此消失了呢？或其处于"悬置的否定性"状态呢？就个人而言，我只能选择一方，我本人正是这种"悬置的否定性"……我想象自己的人生——或许更好的是，人生的夭折、人生张开的伤口——以一己之力构成了对黑格尔封闭体系的反击。[1]

---

[1] Hollier, *Le Collège de Sociologie*, p.75—76; *The College of Sociology, 1937—1939*, p.90; *Guilty* 123.

第十二章 社会学学院

在对科耶夫的回应中,巴塔耶将黑格尔的理论体系与自己日常生活的经验作了对比。对巴塔耶而言,不是所有的行动都可以在历史的意义范围内重新复原,不是所有的行动都可以或需要具有有用性。在《耗费概念》中,巴塔耶提出对无意义的耗费加以分析,以此作为理解集体生活的手段。在写给科耶夫的信中,他将此分析转入个人经验领域。

在接下来的一个月中,凯卢瓦的讲座有关动物社会,莱里斯也首次登台对该组织成员发表讲演,论题有关日常生活的神圣性。对于与学院密切相关的三个人物的思想,二人讲座中表达的观点差异很大。对凯卢瓦来说,动物社会表现出与人类社会同样的一出大戏,即认可、耗费和差异。而巴塔耶认为,人类社会之所以具有独特性——或严格说来,具有人性——正是因为其有别于动物。人是有别于动物的动物。而在莱里斯看来,神圣性以具体、深刻的个人意义赋予生活的某些时刻以活力,借此创造独特的个体,也即孤立的个体。而巴塔耶认为,神圣性是超越个体的,它打破孤立性,否定个体性。莱里斯的讲座触动了洛尔,她在之后数月中作了一系列有关神圣性的笔记。直到临死前最后几天,她才将这些笔记交给巴塔耶。

1937年12月,巴塔耶和洛尔与萨德研究者莫里斯·海

巴塔耶在圣日耳曼昂莱的住所。

涅一起来到位于马尔迈松的埃芒塞森林,参观萨德侯爵生前希望归葬的地方。第二年3月,他们又与米歇尔·莱里斯及妻子泽特重走了这趟旅程。这第二次旅程之后,洛尔再次染上了肺结核。她住进了医院,之后在阿文(Avon)疗养院住了一阵子,最后又住进了巴黎的一家诊所。7月出院后,她与巴塔耶搬入了圣日耳曼昂莱玛利耶街的一座带花园的房子,靠近马尔利森林,也是阿塞法勒集会的地方。

在这几个月中,巴塔耶继续自己在阿塞法勒和社会学学院的工作,后期又参与国际无政府主义者联合会(International

第十二章 社会学学院

Anarchist Federation）的工作。阿塞法勒巩固了其"11条攻击"的语言，计划根据需要选编并出版尼采著述，书名为"备忘录"。与此同时，罗杰·凯卢瓦希望为伽利玛出版社编辑一套丛书，书名为"独裁者和独裁"。巴塔耶以一篇有关欧洲法西斯的神圣社会学文章——《悲剧命运》(*Tragic Destiny*)，提出了自己的写作计划。书的内容包括发表于《社会评论》的文章、有关法国法西斯的笔记以及新近撰写的文章。但伽利玛出版社后来放弃了这套丛书。《悲剧命运》意图对《耗费概念》和《法西斯的心理结构》的内容进行改写，其中含有《被诅咒的共享意识》的雏形。

凯卢瓦的健康此时出了问题；因此第一年中，社会学学院的事务大多是由巴塔耶独自处理的。1938年春的八场讲座，六场是巴塔耶作的：论"诱惑与厌恶"，论性、笑与泪，论权力（原计划由凯卢瓦发表的讲座），论军队的功能和结构（与弗洛伊德论集体心理的文章观点一致），论教堂和秘密社团，论当代世界的神圣社会学。克罗索斯基作了第一系列讲座中的最后一场，论述克尔恺郭尔和悲剧。

让·波扬（Jean Paulhan）对于学院的活动留下了深刻的印象，他特地为《法国小说评论》邀约和精选了几篇代表性文章。凯卢瓦改写了《阿塞法勒》的"宣言"，还修改了《冬风》;莱里斯提交了《日常生活的神圣性》一文;巴塔耶则着手将有关巫师学徒的笔记整理成为一篇适合发表的文章。由于洛尔的病情日渐恶化,文章进展迟缓,拖延到夏天才最终发表。

这年秋天,洛尔病势沉重。9月,巴塔耶在写给泽特和米歇尔·莱里斯的信中还故作乐观。但到了11月的第一周,洛尔的肺结核明显已到了晚期。洛尔"形容自己的痛苦如'血腥的斗牛'"。[1]

马塞尔·莫雷(Marcel Moré)同是巴塔耶和佩尼奥一家的朋友,于是负责通知洛尔的母亲和哥哥她已处于弥留之际。佩尼奥一家——尤其是洛尔的母亲——想要举行一场基督教葬礼。巴塔耶却威胁说,任何一个牧师胆敢前来做弥撒,他就开枪杀了他。但他和洛尔毕竟没有结婚,只有洛尔的家人才有权决定。在洛尔的棺木盖上前,巴塔耶在里面放了本手抄的威廉·布莱克的《天堂与地狱的联姻》("Marriage of Heaven and Hell")。[2]

在洛尔病情恶化的那些月和那些天里,巴塔耶撰写了一

---

[1] Laure, *The Collected Writings*, p.86.

[2] 参见 Marcel Moré, "Georges Bataille and the Death of Laure", in Laure, *The Collected Writings*, p.240—245。

第十二章 社会学学院

篇短文——《神圣》。在他迄今发表的所有文章中,"只有这一篇较为清楚地展现了赋予我力量的坚毅品质"。[1]根据文中描述,神圣就是"集体团结的容宠时刻,那些通常遭到压制之物骤然得以激烈交流的时刻"。[2]他在文稿中这行字的页边空白处写道:"这与爱情别无二致。"一缕阳光穿透窗外的树林,他无法再继续写下去了。他走近隔壁的房间探视洛尔,发现她的病情发生了决定性的变化。她已神志不清了。巴塔耶意识到他们再也无法交谈了,她再也听不懂他说的话了。巴塔耶泪如雨下。

然而,这对恋人后来的确有过对话,就在洛尔神志不清的那些日子里。某时,洛尔让巴塔耶将那些她一直在写的笔记取来。他起初找不到,但最后发现了一张纸,上面写有标题"神圣"。这些就是她写的有关米歇尔·莱里斯一月份讲座的笔记。其中,她写道:

> 神圣是无比罕见的一刻。当其发生之时,每个人内心的"永恒之物"被此宇宙律动席卷而去,融入其中,幻化成形……斗牛与此神圣相关,因为其中有死亡

---

[1] *OC* 5, 505; Laure, *The Collected Writings*, p.251.

[2] 参见 *OC* 1, 562; *Visions of Excess* 242。

> 的威胁，真正的死亡，但却是由别人或与别人一起感觉和体验的。设想如果一场斗牛只为你一人进行……神圣的时刻，绝对罕见的优雅状态……诗歌作品是神圣的，因为这是对当前事件的创造，即作为赤裸状态体验的"交流"。这是一种自我侵犯，裸露，向别人传达生存原因，原因是不断"变化的"。[1]

她和巴塔耶从未真正谈起这些事儿。她鄙视"思想的"对话，而他直到洛尔去世前几天才形成了自己对于交流的看法。但是，他们写出的几乎是同样的东西。巴塔耶所谓"集体团结"和"激烈交流"的时刻，就是洛尔所谓的赤裸事件，一种自我启示，也是自我侵犯。即便在她死去的时刻，被她描述为"生存原因"的交流也是在沉默中进行的。巴塔耶读着她的笔记，意识到自己所失去的一切。[2] 她死于1938年11月7日。

巴塔耶为《神圣》一文配上了一座坟墓的照片、一个斗牛的场景、一座酒神狄俄尼索斯的纪念碑、阿兹特克人进行人牲的画面。"人牲，"他写道，"比一切都高贵。"这是"唯

---

[1] Laure, *The Collected Writings*, p.41—45.
[2] *OC* 5, 505—506; Laure, *The Collected Writings*, pp.252—254.

第十二章 社会学学院

——一种不掺假的牺牲,只是在癫狂中丧失自我"。[1] 第二年,文章发表于《艺术笔记》(*Cahiers d'Art*)时,读者并不清楚在文本背后巴塔耶失去了洛尔,他宠爱的对话者。

> 痛苦、恐惧、眼泪、谵妄、狂欢、发热以及之后的死亡,这些都是洛尔与我每日所要品尝的感受,给我留下了可怕而巨大的甜美回忆;这是一种渴望超越物理制约的爱情;然而,很多次我们在一起拥有的都是未能实现的幸福时刻,星空之夜,溪水潺潺;森林里……黄昏时分,她从我身旁静静走过……我看见自己的命运在身旁的黑暗中向前走去……她并不完美的美丽,一个激情而无定命运的流动形象。[2]

洛尔去世一周后,社会学学院的第二学年开始了,罗杰·凯卢瓦首先发表演讲,阐述神圣的歧义问题。这个讲座总结了学院第一年的工作,言简意赅,激情四射,后收入《人与神圣之物》(*Man and the Sacred*)。第二个讲座季期间,

---

[1] 参见 *OC* 1, 563; *Visions of Excess* 244。

[2] *OC* 5, 501; Laure, *The Collected Writings*, pp.249.

演讲者的来源比第一季更为广泛,学院受益匪浅。德尼·德鲁热蒙(Denis de Rougemont)讲述爱情;勒内·瓜斯塔拉(René Guastalla)论述文学;阿纳托尔·莱维茨基(Anatole Lewitzky)谈论萨满教;汉斯·迈耶(Hans Mayer)讲述德国浪漫主义;让·波扬论神圣话语;乔治·迪蒂论英国君主制。克罗索斯基的讲座回到了萨德和法国大革命;凯卢瓦的讲座谈论行刑者和节日的社会学;而巴塔耶则作了三次讲座:分别有关慕尼黑危机、条顿骑士团、四旬斋前的狂欢节以及他对临死之乐的实践。这些讲座具有鲜明的政治性:都试图解释法西斯的吸引力、君主制的力量或者社会革命中个人激情的作用,这些都与时政直接相关。1934年,巴塔耶曾建议皮埃尔·卡昂研究神话和情感的政治功用。此时,社会学学院开始了这一研究工作。

这几个月中,阿塞法勒经历了一场危机。这个组织之前已活跃了一年时间。如果要求新加入的成员忠于组织,之前加入的成员就需要重新考虑这个选举性集体的入会程序和扩张性质。更重要的是,巴塔耶在洛尔去世后的几个月中强化了冥想训练。他通过阅读了解瑜伽,并加以练习,全身心投入临死之乐的实践。如《神圣》中所展示的那样,这种实践具有双重的私人性:一个终将死亡的自我的冥想,这个自我

第十二章 社会学学院

生活在一个失去了宠爱的伴侣的世界。巴塔耶意图促使阿塞法勒实现更为复杂的目标。而对此，其他成员感到不解和抵触，他们倾向于更为直接的政治目的。

1939年夏天，阿塞法勒的"内部刊物"已按计划正式成为《反基督教手册》(*Anti-Christian Handbook*)，一本旨在实践临死之乐的指南，也是《阿塞法勒》最后一期的原始版本。[1] 这一期出版于1939年6月——距离上一期已有两年时间——上面并没有唯一作者巴塔耶的署名。雅克·沙维被列为执行主编，帕特里克·沃登伯格是投稿联系人，但作者却并未署名。这一期的标题为"疯癫、战争和死亡"，只有三篇文章：《战争的威胁》《尼采的疯癫》和《临死之乐的实践》。这些结构松散的文章都得益于在"内部刊物"中长期的酝酿过程。《临死之乐的实践》中提出的思考已经由巴塔耶以及组织中的其他成员修改了一年多的时间。这个手册由里弗尔画廊（即社会学学院召集会议的书店）资助出版，而非居伊·莱维-马诺这个《阿塞法勒》前几期的出版商。1939年6月6日，巴塔耶在社会学学院就"临死之乐"发表讲演。在这次讲座中，他回顾了自己战前所有的工作——阿

---

[1]　*OC* 2, 377—399.

塞法勒和《阿塞法勒》、集体心理协会和社会学学院。

至少对这个学院而言，他这次演讲让人难以忍受。对于他所理解的巴塔耶的神秘主义，罗杰·凯卢瓦越来越感到警惕。凯卢瓦与巴塔耶有着共同的兴趣和视角——他在《人与神圣之物》中提到了"思想的耳濡目染"——但并不认同他的方法。因此，他虽然是《阿塞法勒》的撰稿人，但从不参加阿塞法勒的活动。对凯卢瓦而言，神圣社会学的目标是——例如——说出秘密社团保守的秘密；对巴塔耶而言，秘密就其定义而言是拒绝被语言表达的。巴塔耶讲座后不到一个月（接下来还为他安排了新的讲座），凯卢瓦离开欧洲，去了布宜诺斯艾利斯，一直待到战争结束。

莱里斯也疏远了自己的这位老友。巴塔耶本打算学院第二年的最后一场讲座由三个较短的讲座组成，其中一个讲座人是他自己，一个是凯卢瓦；另一个稍长些讲座的发言人则是莱里斯，由他总结学院头两年的活动。但这个计划无法实现了。凯卢瓦离开了这个国家；而莱里斯则在计划由他讲演的前一天写信给巴塔耶，大致解释了自己拒绝发言的原因。[1] 奇怪的是，这封信是莱里斯打印出来的——他通常

---

[1] Hollier, *Le Collège de Sociologie*, p.819; *The College of Sociology, 1937—1939*, p.354.

第十二章 社会学学院

不会通过打字给巴塔耶写信——并且署名为"米歇尔·莱里斯，社会学学院成员"。莱里斯清楚自己的决定会将巴塔耶置于尴尬的处境，但不会因此而动摇，而且为时已晚。在准备总结学院历程的演讲稿时，莱里斯发现这个组织已严重偏离了其声称所坚持的法国社会学学派的方法和目标。第二，最初刊登于《阿塞法勒》的"宣言"声称要建立一个"道德群体"，但莱里斯认为这样的群体与社会学的严谨思维并不相符。在莱里斯看来，科学在学院中已经沦为某种"秩序"或教会，其本身缺乏合乎逻辑的原则。最后，莱里斯觉得对神圣社会学的强调背叛了社会学的基本认识，即社会学应作为"整体现象"加以研究，其中的任何成分不得凌驾于其他成分之上。

巴塔耶认为莱里斯的书信是对他的人身攻击。第二天夜晚，巴塔耶独自登上讲台，他觉得有必要对组织内部出现的纷争做出说明，以捍卫自己的观点。他发表的讲座既是一个声明，也是对自己立场的实践。对巴塔耶而言，社群产生于交流的危机，（理解可被分享的）沟通性的断裂。身份只有在自我失落时才能找到。巴塔耶说，在交流中，"人们失落于维系他们的一阵惊厥之中。但他们只有通过丧失一部分自我才能沟通。只有依靠他们的精诚团结才能在狂热中驱散伤口,交流才能将他们维系在一起。"[1] 这个观念适用于国家之间的关系,如同适用于爱人之间,当然在社会学学院中也是如此。

学院在夏季暂停了系列讲座。到了9月,学院的活动再次中断,这次是更为深重的危机:第二次世界大战。

---

[1]　Hollier, *Le Collège de Sociologie*, p.806; *The College of Sociology, 1937—1939*, p.90; *Guilty* 337.

第十三章 战 争

1939年9月1日,德国入侵波兰。两天后,英国和法国对德宣战。政治灾难不再是欧洲的威胁,已然降临欧洲。

9月5日,巴塔耶在笔记本中写道:

> 我开始写作的日期不是一个巧合。我是因为这些事件而开始动笔的,但不是为了讨论这些事件。作这些笔记,是因为我无事可做。从此之后,我必须让自己自由挥洒,放任自己的奇思妙想。突然间,我直言不讳的时刻来临了。[1]

五年后,他以《有罪》为书名出版了那本笔记本中的内容。他告诉让·波扬这本书讨论"色情与神秘之间的关

---

[1] *OC* 5, 246; *Guilty* 11.

系"——"神秘经验与色情经验的区别在于前者是彻底的胜利者"[1]——但这本书涉及的范围远不止于此。[2] 巴塔耶一天接一天地写着,更像记日记,而不像写书,记录着他的经历、持续的冥想实践、阅读、恐惧、幻想、厌倦和思想的演变。这本书兼具理论性和实践性、私人性和政治性,在不同的笔调和语域之间,在恐怖、厌倦和愉悦等情绪之间变换无常。这既是巴塔耶著述中最动人之作,也是最冷漠之作;是最讳莫如深之作。"混乱是这本书的状态,在所有意义上都是无边无际的。"[3]

战争充斥着书的每一页,不是作为抽象的或哲学的命题,不是以政治分析的形式,而是世界末日般的氛围、一种迫近的威胁、一个冥思的契机。空袭警报发出刺耳的声音。人的自由受到了种种限制。作者必须逃离逼近的军队。这场战争使人想起了上一场战争,想起巴塔耶和母亲丢弃父亲的情景。于是,故去的父亲也萦绕在书页之中。巴塔耶亲身体验了孤独和被抛弃的感觉,由此重新发现了他的父亲。"孤身一人,受了伤,执着于他自己的毁灭,一个男人面对宇

---

[1] *OC* 5, 247; *Guilty* 13.

[2] *Lettres* 176.

[3] *OC* 5, 264; *Guilty* 28.

第十三章 战 争

宙。"[1] 在这些书页中，巴塔耶展现了自己极其孤独的一面，如同尼采。"没有人讨论战争的疯狂，我是唯一这样做的人。别人都不喜欢如此痛苦迷醉的生活：在噩梦的阴影中，他们无法辨识自己。"[2]

如同对于赫拉克利特一样，在阿塞法勒，战争只是形而上的原则。而巴塔耶在记录本中极力将此原则变为现实。经验使思想不再抽象，并从赋予生命以价值和结构的思想中汲取滋养。以散文的形式捕捉这种矛盾性是自相矛盾者的志业所在，艰难摇摆于实例与思想之间正是巴塔耶最好作品的特征。在笔记本中，在冥想中，他竭力成为时代的避雷针，成为充满紧张、混乱和迷茫时刻的标尺。

> 坐在床边，面对窗户和夜晚，我练习着，决意让自己成为一个交战地带。当传动轴开启，轮齿咬合时，牺牲和被牺牲的欲望也如齿轮般咬合在一起。[3]

他更为谨慎地指出："战争时期展现了历史的不完整……知

---

[1] *OC* 5, 267; *Guilty* 31.
[2] *OC* 5, 246; *Guilty* 12.
[3] *OC* 5, 250; *Guilty* 15.

识,如同历史,是不完整的。"[1] 在交战地带,时间、知识和自我以祭品的形式倾泻而出。黑格尔在拿破仑的征服中发现了历史的终结,在自己的《精神现象学》中发现了知识的顶点。相比之下,巴塔耶的发现恰恰与之相反:在人生的长河中,经验在不经意间会消失不见。

洛尔去世后的第一个周年纪念日是11月7日。这一年的早些时候,巴塔耶和莱里斯不顾洛尔家人的反对,出版了她的短篇文集《神圣》,其中加入了编者的零星注释——或说明,或吃惊,或赞美。[2]

> 她渴望关爱,也渴望灾难,摇摆于最极端之大胆和最可怕之痛苦之间,这在真实的人类中是难以想象的,好像是通神之人。她以荆棘围身,遍体鳞伤,从不受制于任何物、任何人。[3]

几个月后,巴塔耶发表了自己的一篇论神圣的文章。周年纪

---

[1] *OC* 5, 262; *Guilty* 26.

[2] 参见 Laure, *The Collected Writings* (San Francisco, 1995), pp.37—94。

[3] Laure, *The Collected Writings*, p.87.

第十三章 战 争

念到来之前的数月中,他支撑着让自己坚强起来,回想她的一生、他们的过往、他们的旅行、他们共同拥有的东西以及使他们分手的东西。他的笔记本中写满了痛苦的回忆。但巴塔耶仍然继续自己的生活。他积极对待生活,同时为自己仍然活着感到愧疚。他参加狂欢聚会,并在10月初的几天遇到了将和他共度三年时光的女人:丹妮丝·罗兰-勒·让蒂(Denise Rollin-Le Gentil)。

丹妮丝当时三十四岁,已婚(巴塔耶四十二岁)。她曾是画家们——其中有安德烈·德朗(André Derain)——的模特,有个襁褓中的儿子,名叫让。"除了从洛尔身上,我从未体会过这样一种自然流露的纯洁、一种静谧的淳朴。"[1] 然而,这次只是虚空中的火花。巴塔耶对自己倾诉道:"她一个月前走进这个房间,没有其他女人进来时如此安静,如此美丽,这是一种无声的神圣感:至少丝毫没有任何不适之感,如同一面明镜不会被玷污一般。"[2] "似乎是命运盲目的眷顾,丹妮丝走入我的房间……她委身于我,不止一夜,而是数月,我们从未讨论此事。她想留下,直到生命终点。"[3]

---

[1]　*OC* 5, 509.
[2]　*OC* 5, 515.
[3]　*OC* 5, 521.

但最后，选择留下的是巴塔耶自己。1942 年，大概是他搬进了丹妮丝在里尔街 3 号的公寓。米歇尔·法尔杜利－拉格朗日（Michel Fardoulis-Lagrange）是在这些年中与这对情人来往较多的人，之后还与丹妮丝生出了恋情。他告诉米歇尔·叙丽娅，丹妮丝并没将巴塔耶当回事，觉得他只是个扮演角色的"演员"。[1]

对此看法，我们不会感到特别奇怪：罗杰·凯卢瓦和米歇尔·莱里斯也是因为类似的原因拒绝参加阿塞法勒的活动。而且从另一角度来说，我们应该记住，巴塔耶正是在这些年中发现戏剧化是解读经验的一把钥匙："如果我们不知道要将谁戏剧化，我们就无法跳脱自己。"[2] 这个想法也是矛盾的产物：演员在他的面具中发现了真正的自由。这个矛盾要求拆毁再现的壁垒，要求超越再现并再造经验。1939 年 10 月，即战争发生后的一个月也是洛尔去世周年前的一个月，巴塔耶在笔记本中写道：

> 穿行在街道上，我发现了一种不会弃我不顾的真理：这是对我整个生命的痛苦否定，对我来说这与洛尔

---

[1] 参见 Michel Surya, *Georges Bataille* (London, 2002) 282。

[2] *OC* 5, 23; *Inner Experience* 11.

第十三章 战争

的死以及秋天萧瑟的悲伤有关。这也是"折磨"自己的最好方法。10月28日，我写道："为了戒除好色的恶习，我认为有必要发明折磨自己的新手段。这个手段应该像酒精那么醉人。"此时，我的感觉让我感到害怕。[1]

这些语句让人想起了巴塔耶人生经历核心处的颠覆，颠覆是父亲的疯言疯语导致的。这些语句又将那种颠覆与洛尔的去世联系在一起，但意义晦暗不明。为什么巴塔耶要戒除好色的恶习？他想起了什么而感到害怕？一个文本（文本作者保守着秘密）的隐含读者是谁？

几天后在马尔利森林，在注定是阿塞法勒的最后一次会议上，巴塔耶要求三位随同的成员杀了他。如此一意孤行的自我牺牲是巴塔耶实践临死之乐的极致，能够确立阿塞法勒的神话，并作为神圣的罪行开启这个集体生活的新阶段。但其他成员拒绝执行他的愿望。当月的晚些时候，即20日，他写信给这个组织，告诉他们今后不必再忠于他。阿塞法勒从此就不存在了。

这个故事能流传到我们这里，是因为阿塞法勒的一个

---

[1] *OC* 2, 510.《有罪》英文版将"crucifier"（折磨）翻译为"torment"，参见 p.22。

成员帕特里克·沃登伯格写的短篇回忆录。此事发生之后很久，这篇回忆录才写成并出版。[1] 也许沃登伯格的回忆录有演义编造的成分，但此事没有任何别的记录存世，从巴塔耶的私人笔记和信件中都无从查考。令人吃惊的是，这个预示了重大意义的事件居然被忽略了，阿塞法勒这一创举的终结居然没有获得更为详细的评论。也许巴塔耶意识到自己已经走得太远，他的要求超越了理性的范围，突破了友谊的纽带，走近了一个既严重又愚蠢的地域。

巴塔耶当然清楚他一直并将继续遭人误解，一道与死亡无异的鸿沟使他与传信者分割开来，他因此被围困于孤独之中。"我感觉自己是从坟墓中写作，"他写道。[2] 巴塔耶甚至考虑过拖到去世那天再发表自己的笔记。但是，让·波扬在1940年请他为《衡量》杂志撰稿，巴塔耶提供了这些作品的文摘，设标题为"友谊"，并特别要求文章署以笔名狄亚努斯（Dianus）——借用自弗雷泽《金枝》中森林之王的名字。[3] 三年后，巴塔耶又将此文以全本的形式在伽利玛出版社出

---

[1] Patrick Waldberg, "Acéphalogramme", *Magazine Littéraire*, 331 9April 1995); 转载于 Marina Galletti, ed., *L'Apprenti Sorcier* (Paris, 1999), pp.584—597。

[2] *OC* 5, 251; *Guilty* 17.

[3] 参见 James Frazer, *The Golden Bough* (London, 1922), pp.187ff。

第十三章 战 争

书,并很不情愿地将书名改为《有罪》,以避免与早先的节选本混淆。他在书中解释道:

> 我所奉献的友谊属于一个同谋……**圣徒**的友谊默认了背叛这一结局。这就是你与**自己**的友谊,你知道自己有朝一日会死亡。当你意识到死亡会使你**陶醉不已**……[1]

巴塔耶也背叛了《有罪》本身:这本书出版时并未提及洛尔,对父亲的死亡也只是一笔带过;对于他和丹妮丝·罗兰的恋情也草草数笔,不易察觉;没有具体提到任何一个朋友,只提到了几个地名:协和广场出现了,但他重访过的那个少年时代的小镇(里翁埃斯蒙塔盖),巴塔耶却语焉不详,甚至那些指代人名和地名的首字母都被修改过。这是一本被抹去的人生日志。

1939年11月21日,巴塔耶参加了马塞尔·莫雷在家中组织的有关战争的讨论会。[2] 与会者包括亚历山大·科伊

---

[1] *OC* 5, 278; *Guilty* 41.
[2] 参见 *Digraphe* 17 (1978), pp.121—139。

雷、保罗-路易·兰茨贝格（Paul-Louis Landsberg）和让·瓦尔。莫雷、兰茨贝格和皮埃尔·克罗索斯基都是通过《精神》（*Esprit*）杂志结识的，其他人则与《遗嘱》（*Volontés*）杂志或社会学学院有关系。巴塔耶在写给还在阿根廷的罗杰·凯卢瓦的信中描述了这次讨论，如同这次讨论是社会学学院的延续。巴塔耶并不是莫雷这个讨论组的常客，但他在战争期间的确继续从事神圣社会学研究，并为自己的思想寻找面向公众的渠道。例如，他曾考虑创办一份刊物——宗教教义（*Religio*）、内米（*Nemi*）、狄亚努斯（*Dianus*）和乌拉诺斯（*Ouranos*）都是可供选择的刊物名——但最终不了了之。

除了有关神秘主义的笔记，巴塔耶在1939年开始撰写另一本书，这是一本久拖至今而且远未写完的书——《被诅咒的共享意识》。这个写作计划始于20世纪20年代后期有关异质学的写作，并在之后发表于《社会批评》的文章中以及社会学学院的讲座中继续酝酿构思。《悲剧命运》是他在1938年推荐给罗杰·凯卢瓦的一卷，就是根据这些文章和讲座写成的，因此可被看作这本书写作过程中出现的系列残篇之一。巴塔耶在1939年开始写作的书稿——收入了他的《全集》，书名为《功用的极限》（*La Limite de l'utile*）——两年

第十三章 战 争

之后也放弃了。[1] 1944 年和 1945 年，他又开始改写此书，之后再次放弃；最后，再次重写，并在 1946 至 1949 年以文章的形式发表于《批评》(*Critique*)和《法兰西信使》(*Mercure de France*)杂志。书中，巴塔耶固执地坚持自己激情四射的观点，这与他不愿以这些观点所需要的冷静精确的口吻说话同样显而易见。这里，巴塔耶再次陷入矛盾的僵局之中：

> 我在书中说，能量最终只能被浪费。写这本书时，我自己也在使用我的精力、我的时间：我的研究以一种根本的方式响应了为人类增加财富的欲望。我是不是可以说，在此情形下，我有时只能回应我书中的真理，而无法继续写作？[2]

"我研究的客体，"他写道，"无法与沸腾的主体区分开来。"[3] 热血沸腾的他怎么能够保持冷静、精确和科学呢？这个写作计划搁置了数年之久。

1940 年 5 月，德国人横扫比利时，攻入法国，开战之初

---

[1] *OC* 7, 181—281, 502—598.

[2] *OC* 7, 21; *The Accursed Share* 11.

[3] *OC* 7, 20; *The Accursed Share* 10.

未发生重大战事的虚假战争阶段就此结束。巴塔耶带着丹妮丝和她的儿子逃离巴黎，一路颠沛流离，从奥布莱沿路经过奥弗涅、弗莱卢克和克莱蒙费朗。至6月底，法国沦陷；8月底，巴塔耶回到巴黎，与丹妮丝住在一起。此时几乎没有产生创造性思想的条件，更别说冷静分析了。作家也许憎恶与世隔绝的生活，讨厌安静的孤独，但这是他作品的本质。

这年夏末，瓦特·本雅明（Walter Benjamin）——他在20世纪30年代中期通过马克思主义学术圈和社会学学院结识了巴塔耶——试图从被占领的欧洲逃出来，请巴塔耶帮他照看自己的手稿。巴塔耶将这位友人的文稿存入了国家图书馆，但本雅明未能逃脱。在西班牙边境被羁押期间，他死于服用过量的吗啡。

第十四章　超越诗歌

1940年12月，皮埃尔·普雷沃（Pierre Prévost）将乔治·巴塔耶和莫里斯·布朗肖介绍给彼此认识。二人除了一些共同的好友和熟人，之前素未谋面。20世纪30年代，莫里斯·布朗肖是一个右翼（实际为极右翼）记者，为《辩论日报》（*Journal des Débats*）、《壁垒》（*Le Rempart*）、《战斗》（*Combat*）、《反叛》（*L'Insurgé*）等评论刊物撰稿。他与哲学家伊曼纽尔·列维纳斯（Emmanual Levinas）在斯特拉斯堡曾有同窗之谊，素来交厚，并深受其学术思想的影响。但布朗肖的写作也带有灾难性的政治意识，类似于巴塔耶的"革命暴力"思想。1940年，布朗肖35岁，刚刚完成第一部小说《黑暗托马》（*Thomas the Obscure*），将于第二年由伽利玛出版社出版。当时，他正忙于第二部小说《雅米拿达》（*Aminadab*），还为《辩论日报》撰写评论文章。他将很多这些文章收入了著名的多卷本文学评著《失足》（*Faux pas*）中的第一卷。

其间，巴塔耶和布朗肖相见恨晚，引为挚友。巴塔耶直截了当地说，"我们立时心生仰慕，惺惺相惜。"[1] 二人之间的彼此认同可以从他们的书中得到解读：《失足》的前六篇文章罗列了巴塔耶《内在体验》中的论题，甚至包括对《内在体验》的评论；《内在体验》本身也引用了《黑暗托马》的内容以及对话中布朗肖的言论。

巴塔耶与布朗肖的交谈是其作品中至关重要的催化剂。1941年年中，巴塔耶写作的过程和目标发生了变化：诗歌被包括进来，巴塔耶之前强烈排斥诗歌这一文学样式，认为它缺乏文学性，毫无价值可言。9月，他突然中断了《功用的极限》的写作，转而开始创作一部短篇小说《爱华妲夫人》(*Madame Edwarda*)。罗贝尔·戈代（Godet）和伊丽莎白·戈代在1941年12月出版了《爱华妲夫人》，所列出版商为"纸牌版本"，署名作者为皮埃尔·安热里克（Pierre Angélique）。书中的色情内容的确声名狼藉，作者担心遭到查禁。巴塔耶所用笔名可能来自福利尼奥的安吉拉（Angela of Foligno），安吉拉的《幻觉之书》(*Book of Visions*) 为《爱

---

[1] *OC* 7, 461; *My Mother* 221.

第十四章 超越诗歌

华妲夫人》至少提供了一个关键形象；或者也可能来自洛尔，她在《神圣》中写道，"大天使还是娼妓／我不在乎／生活并不认可的角色／我可以全部接受。"[1] 爱华妲夫人是个妓女，却显灵为上帝的化身。

小说情节简单：一个痛苦的醉汉进了一家名为"镜子"的妓院，挑了个名叫爱华妲的女孩，她全身赤裸、无精打采、极其美丽。她只是碰了他一下，他就在大厅里，在一群妓女和嫖客之中射精并昏厥了。他醒来时，她说，"我猜你想看的是破烂不堪的东西。"还是在厅堂之中，她站在他面前，抬起一条腿，放在椅子上，让他能看清楚，她说道，"你可以自己来看，我是上帝。"她放声大笑，这位客人则亲吻她的"伤口"。他们走进她的房间，一番云雨。之后，爱华妲穿上一件白色短上衣，披起一件宽斗篷，戴上一副黑色天鹅绒面具，冲出门外，消失在夜色中。她来到圣德尼门，消失在石拱门的黑色空洞之中。她坠入一种癫狂和恍惚之中，这也将叙述者带入了某种"超越"。叙述者知道他的故事荒诞不经："上帝以大众娼妓的形象现身，并发了狂——透过'哲学'的镜头观察，这完全不可理喻。"如此高高在上者跌

---

[1] 参见 Laure, *The Collected Writings* (San Francisco, 1995), p.50。

落至如此卑微的地位：上帝在一个妓女的身上显灵，其力量使男人顿失雄风，并且"如野兽般一丝不挂"。爱华妲恢复了神智，至少恢复了部分神智，一头扑进了一个粗野的出租车司机怀里。她的眼球向后转向脑内，看着全是眼白，如同巴塔耶父亲小便时的眼睛。

> 爱华妲的狂喜——沸腾的泉水、令人内心翻腾的狂潮—— 一阵接着一阵，颇为诡异，持续不断……她看见我萎靡无力，我从内心深处的孤独感受到她的快乐潮水般漫溢……爱华妲令人痛苦的快乐使我心力交瘁，感觉亲眼看见了一场奇观的发生。[1]

叙述者承认故事讲得很拙劣，但也坚持认为故事中隐含着神秘的意义，他自己也无从知晓。

如同巴塔耶的其他小说，这个故事虽然并不精彩，但也是由陈词滥调和矛盾对立构成，最后又在癫狂中戛然而止。这个故事戏仿了基督教的价值观，更是直接戏仿了福利尼奥的安吉拉的基督教经验：基督让安吉拉亲吻他的伤口，

---

[1] *Romans* 338; *Madame Edwarda* in Bataille, *My Mother*, p.158.

第十四章 超越诗歌

正如爱华妲让叙述者亲吻她的一样。这个戏仿本身也是神的启示,既是身体的启示,也是灵魂的启示:此处灵魂就是身体。但重要的是,从心理分析的视角出发,爱华妲和《爱华妲夫人》(*Madame Edwarda*)显示的是空无一物:阴茎的缺位。在《有罪》中,巴塔耶承认妓院是他真正的教堂。在《爱华妲夫人》中,他以此为前提建构了一个神学寓言。这所妓院被称作"镜子",反映了所有信仰、所有理想主义的再现本质。但对巴塔耶而言,镜子之外,别无一物。如他在《内在体验》中所说,"欣喜若狂不是一扇可以看到外面,看到彼岸世界的窗户,而是一面镜子。"[1] 镜子本身是语言、意识和自我形象的化身。

巴塔耶于 10 月写完了《爱华妲夫人》,旋即开始写下一部作品《折磨》(*Le Supplice*)。这部作品将成为《内在体验》的核心部分,而《内在体验》是继 1918 年《兰斯圣母院》之后巴塔耶用真名出版的又一本书。巴塔耶是否又是一个人们喜欢就此大做文章的作家?事实上,巴塔耶在至少十年中已经有大量作品问世——两部以笔名出版的小说、两本配有插图的小册、一部重要的译作和大量文章。但《内在体

---

[1]　*OC* 5, 69; *Inner Experience* 54.

验》还是与众不同。书中,作者第一次将自己的思想与人生经验直接联系起来。"几乎每一次我要写一本书,书未写完就有疲倦之感。慢慢地,我对自己规划的作品感到越来越陌生……我逃离自己,书也逃离了我。"[1]

实际上,称《内在体验》为一本书是很勉强的,它是作者个人经验的记录,其文本如作者经验一般杂乱无章。第二部分——《折磨》——直接记录了作者的思想发生滋长的过程;行文会被记忆和引证打断,被对话和引语打断;不断变化的笔调、语域,甚至文体:诗歌会扰乱哲学的诗意散文。第三部分通过之前发表的文章和片段,沿着这段经验回溯到20世纪20年代晚期。斜体字将现在写的段落与以往的段落区分开来。第四部分对于第二部分所叙述经验的性质进一步给予了哲学论述。第一部分力图将巴塔耶的内在体验思想与东西方的宗教和哲学传统区别开来,同时通过分裂对此区分加以说明:巴塔耶的经验是内生和游移的,而非先验和理想的。哲学式神学标榜知识的一目了然,但巴塔耶却投身于非知识的思考。"非知识传达癫狂……癫狂首先是被掌握的知识,尤其以(我、我的人生和我的书面作品所表

---

[1] *OC* 5, 72; *Inner Experience* 57—58.

第十四章 超越诗歌

现的）极端匮乏的形式,以及对匮乏的极端建构。"[1]

《内在体验》提出了有关经验的理论,也是一种诗学和思考问题的方法。这个理论的关键是一个巴塔耶归于布朗肖的概念：经验是唯一的价值和权威,这是一种"抵偿自身"的权威。[2] 经验——也即人生——不能诉诸任何外界之物以获取正当性、意义或价值,也无法长时间连续依据同样的价值解释自身。这一原则同时否定了艺术、哲学、科学和宗教等学科的话语。美、形而上的知识、实用的知识和神学最终无法解释经验。巴塔耶拒绝所有试图从外部证明人生合理性的逻辑。他也否定所有将人生维持在保守的现状边缘的意图。连续性需要重复,重复与重申之间难以区分。生命在每一时刻都是常新的。解释最终只是词语罢了。

作为对科学的批判,《内在体验》也是对所有实用主义思想的批判。这本书明显与《被诅咒的共享意识》相关：二者都拒绝实用的还原论思想,《被诅咒的共享意识》表现得冷静而精确,而《内在体验》则如同暴风骤雨本身：沸腾的主体。内在体验正是（黑格尔所谓的）有用行为的对立物。[3]

---

[1] *OC* 5, 66; *Inner Experience* 52.

[2] *OC* 5, 19; *Inner Experience* 7.

[3] *OC* 5, 59; *Inner Experience* 46.

它使用意图行为——规划——作为逃离规划领域的手段。[1] 这一构想源自帕斯卡尔和威廉·布莱克:"与系统抗争,以使个体摆脱这些系统"。[2]

通过超越意向性,巴塔耶也超越了自己先前的思想和行动方式。20世纪30年代,巴塔耶投身于一种动荡的政治,投身于黑格尔意义上的集体"行动"。但是,神圣经验是无法被激发出来的(简言之,众神总是置身事外的)。阿塞法勒犯下的"巨大错误"就在于其依赖意向性,依赖规划。[3] 接着,战争终止了他的活动;如他所说,他的生活"不再游离于其所寻找的目标了"。[4]

内在体验所提出的解脱是癫狂的,却是有限的,受到可能性的限制。"我教授将痛苦转化为快乐的艺术,"巴塔耶写道,"但变成了快乐的痛苦仍然是痛苦的:它不是快乐,不是希望;而是痛苦,它令人伤心,还可能导致腐朽。"[5] 终有一死之人无法逃离作为人的束缚。

---

[1] *OC* 5, 60; *Inner Experience* 46.

[2] *The Complete Poetry and Prose of William Blake*, ed. David V. Erdman (New York, 1988), p.154.

[3] *OC* 6, 373.

[4] *OC* 5, 109; *Inner Experience* 92.

[5] *OC* 5, 47; *Inner Experience* 35.

第十四章 超越诗歌

诗学和思想在《内在体验》中合二为一。在这两个行为中,巴塔耶的方法就是在思想中戏剧性地再现种种关系,这些关系展示了所有现实根基上的一种滑落,物体从特定身份滑落的方式,词汇从意义滑落的方式。"呼吸"是一种无形的物质;"沉默"是一旦说出就有违本意的单词。[1] 这种"戏剧化的"方法来自圣依纳爵·罗耀拉(Ignatius de Loyala)的基督徒默祷;对此,巴塔耶无疑在青少年时代就很熟悉。但这肯定也源自亚瑟·兰波的观点,即诗人必须长期缓慢地扰乱自己的感官,以此变为一个幻想者。"我戏仿绝对的知识,"巴塔耶写道,表示对黑格尔的梦想不屑一顾。[2] 意识强迫所有的知识荒唐地垮塌,滑入一种癫狂,解放绝对的非知识。

《内在体验》的结尾令人吃惊地重复了尼采《快乐科学》(*Gay Science*)的第 125 节——有关疯人的寓言。巴塔耶戏剧性地将尼采的文本重新刻入自己的文本,又用马塞尔·莫斯的献祭理论加以解释。这则寓言描述了一场献祭,其中的牺牲者和行刑者相遇时都摧毁了对方。"我们"杀了我们最高的价值,因此也杀了我们自己。谋杀者希望取代上帝,冲上去扼住神的咽喉,这是一种妄自尊大和疯狂——如同狄亚努斯

---

[1]　*OC* 5, 28—29; *Inner Experience* 16.

[2]　*OC* 5, 67; *Inner Experience* 53.

巴塔耶

这个森林之王。[1]此处，解释学发挥了戏剧性默想的作用。

1941年12月，巴塔耶和布朗肖组织了一个非正式的研讨小组，围绕他们当时在对话中探讨的观点集聚一群志同道合者。他们决定称之为苏格拉底学院（Socratic College）。对巴塔耶来说，苏格拉底的两大名言——"认识你自己"以及"我唯一所知道的，就是我一无所知"——构成了内在体验和非知识的原则，无论这多么具有讽刺意味。[2]在一场事先计划好的讲座中，巴塔耶面对小组成员确定了一个日程表：阐述那些"相互协调的命题"，以导向内在体验；界定内在体验的性质，可能用以获得内在体验的方法，以及支撑内在体验的条件——物理的、社会的和政治的。[3]这些命题也许涉及诸多不同的哲学、宗教和诗学传统，但小组不会将自身与任何一个既定传统关联，至少他们不会有意为之。"一个哲学家的学院？当然不是。一根扔向四面楚歌中的哲学的救命稻草？那些为死者而战的人，他们自己不就已经死了吗？"[4]

---

[1] *OC* 5, 177; *Inner Experience* 153.

[2] *OC* 6, 285; *The Unfinished System of Nonknowledge* 11.

[3] *OC* 6, 286; *The Unfinished System of Nonknowledge* 12—13.

[4] *OC* 6, 286; *The Unfinished System of Nonknowledge* 12—13.

第十四章 超越诗歌

小组每次会议开场时，总是由一位成员作一简短发言，而似乎发言最多者就是巴塔耶本人。当时，他正在撰写《内在体验》，于是借苏格拉底学院这一公共论坛阐述自己的观点。前几次会议是在邦修路上的一家餐馆召开的。之后，他们的会议移至"青年法兰西"（Jeune France）——一家维希政府支持的文化协会——的办公室，最后又来到了丹妮丝·罗兰位于里尔街的公寓。小组中多数成员都是通过"青年法兰西"及其相关活动认识彼此的：皮埃尔·普雷沃、泽维尔·德·利尼亚克（Xavier de Lignac）、罗曼·珀蒂托（Romain Petitot）、乔治·佩洛尔松（Georges Pelorson）、路易·奥利维耶（Louis Ollivier）等人。

1942年初，巴塔耶又组织了第二个研讨小组，名称和目标都不变，成员人数较前者多了一倍，且成员都来自巴塔耶而非布朗肖的好友。这第二个小组的成员包括了米歇尔·莱里斯、雷蒙·格诺、拉乌尔·乌贝克（Raoul Ubac）、让·莱斯居尔（Jean Lescure）和米歇尔·法尔杜利-拉格朗日。让·莱斯居尔是《信息》（*Messages*）杂志的主编，这为巴塔耶的作品在此数年间提供了重要的发表渠道。雷蒙·格诺刚刚重又进入巴塔耶的生活，他此时在伽利玛出版社工作，发现自己能够帮助《内在体验》在那里出版。

巴塔耶在韦兹莱的住所。

4月，巴塔耶的健康再次出现问题。他被诊断出肺结核，病情严重，不得不向国家图书馆请了病假。直到1946年，他才重返工作岗位。他在巴黎度过了春天和仲夏，然后去了马塞尔·莫雷母亲在布西圣昂图瓦恩的家。在那里，他于7月完成了《内在体验》。之后，他又来到了提里附近的

第十四章　超越诗歌

帕尼尤厄斯：以此地为场景，巴塔耶创作了短篇小说《死人》(*The Dead Man*)。之后，他回到巴黎过冬，但春天来临时又离开了，这次去了勃艮第地区的韦兹莱一个位于山顶的村庄。和他随行的有丹妮丝和让，他们在圣艾蒂安街59号安顿了下来。

韦兹莱是一座很小的村庄，但在法国——甚至整个欧洲——的基督教历史中扮演了重要的角色。12世纪建成的圣马德琳大教堂保存着抹大拉的马利亚的遗物，位于山顶城堡之中，是保存最完好的罗马式教堂之一。一千年来，这个村庄是每年一度的圣詹姆斯朝圣之旅的四个主要出发地之一，终点在西班牙圣地亚哥的海岸。1146年，圣伯纳德（St Bernard）呼吁从韦兹莱发动第二次十字军东征；1166年，托马斯·贝克特（Thomas Beckett）在韦兹莱的一次布道中宣称将亨利二世的追随者逐出教会；1190年，狮心王理查和菲利普·奥古斯特（Philippe Auguste）在韦兹莱集结队伍，开始第三次十字军东征。

1943年，巴塔耶搬到韦兹莱，恰逢得了诺贝尔奖的小说家罗曼·罗兰也居住于此。巴塔耶在广场旁租了栋小房子，村里唯一的道路到了广场后便一分为二，通往大教堂，并迎来众多宾客。乔治·安布罗西诺曾在多个场合中来到此地。

米歇尔·法尔杜利-拉格朗日也曾在韦兹莱短暂停留，躲避占领当局的追捕。保罗·艾吕雅和努施（Nusch）也途径过这里——当时巴塔耶一连数月正在创作诗歌。

巴塔耶建议西尔维娅夏天时带着雅克·拉康、劳伦斯和朱迪丝（西尔维娅和拉康的女儿）来此度假。但身为一名犹太人，西尔维娅担心自己可能会被驱逐出沦陷后的法国。但是，她和巴塔耶此时尚未离婚，与异教徒的婚姻多少能给她提供一些保护。因此，她不能轻易提出离婚的要求。拉康此时也未离婚，但和西尔维娅一样，他已经与妻子分居。拉康和西尔维娅一起居住在里尔街5号，隔壁就是3号，巴塔耶曾和丹妮丝·罗兰同居的公寓。事实上，隔壁这套公寓空出来后，正是巴塔耶推荐拉康来此居住。1941年7月3日，朱迪丝出生时，这个奇怪的家庭就变得更加奇怪了。因为西尔维娅和巴塔耶尚未离婚，朱迪丝用的是巴塔耶的姓氏，虽然他是拉康的孩子。1943年夏天，劳伦斯来此看望巴塔耶，但西尔维娅、拉康和朱迪丝并未到来。

他们不来也不是坏事。巴塔耶原本为西尔维娅和拉康租下的房子被一位二十三岁的年轻女人和她四岁的女儿租下了。黛安娜·约瑟芬·欧也妮·寇楚碧·德·博阿努瓦（Diana Joséphine Eugénie Kotchoubey de Beauharnois），人称黛

第十四章 超越诗歌

安娜,是俄国王子与一个英国女人生下的女儿。她此时已结婚,刚刚从贝桑松附近的俘虏收容所释放出来。因为颠沛流离的生活,此时她已染病,带着女儿凯瑟琳来到韦兹莱过着隐居的生活,休养生息。她的丈夫乔治·斯诺坡科(Georges Snopko)有时来探望她们。有一次,来此探望妻女期间,他认识了一个路过的陌生人,于是邀请此人及其美丽的女伴来家中共进晚餐。这个陌生人就是巴塔耶。有朋友不久前送了本书给黛安娜,就是《内在体验》,因此她见到作者之前就如饥似渴地读过这本书。当她真的见到巴塔耶时,似乎命运又一次介入了巴塔耶的生活。巴塔耶和黛安娜立刻陷入热恋之中,二人的关系并未排除丹妮丝·罗兰,而是将她包括在内,至少有一段时间是这样的。寄居韦兹莱的时间终于结束了,所有人都回到了巴黎——黛安娜在9月返回,巴塔耶和丹妮丝是10月——但情形已发生了变化。巴塔耶和丹妮丝彻底分手了,他继续保持着与黛安娜的情人关系。

丹妮丝搬出了里尔街的公寓,同意让拉康搬进去,这样他就有了两套相邻的公寓。在这套巴塔耶和丹妮丝曾同居的公寓,拉康开始收诊病人,并举办研讨活动。之后不久,丹妮丝与莫里斯·布朗肖发生了恋情,这段恋情伴随了两人的余生。丹妮丝和布朗肖之间关系亲密,彼此相似——两人因共同的沉默而联结在一起——他们并不经常住在一起，甚至不经常住在同一座镇子里。但是，二人之间的感情占据了各自情感生活的主要部分。[1]

1943年，伽利玛出版社出版了《内在体验》，腰封上写着"超越诗歌"。巴塔耶将此书定位于诗歌之外，也就是认为这本书超越了那些超现实主义者笔下无足轻重的文学。他也暗示诗歌只是过程中的工具——众多工具中的一件——在此过程中，经验本身是唯一的价值。正如巴塔耶在写给让·莱斯居尔的信中所解释的那样，"诗歌满足于唤醒俄瑞斯忒斯（Orestes），一个人必须成为俄瑞斯忒斯……成为质疑自然的人，彻底质疑那些使人完整的一切。"[2]

尽管巴塔耶显然否定了诗歌这种文学形式，但1942年却开始创作诗歌，作为《内在体验》的一部分，写在笔记本中，这些笔记本后来单独成了另一本书《有罪》。巴塔耶分别于1942年和1943年的夏天写完了这两本书，之后立即全身心转向诗歌和诗化小说的创作，以此为手段探索自己的思想，激发人生经验。他还计划写一本书，书名为《身

---

[1] 参见 Christophe Bident, *Maurice Blanchot: Partenaire Invisible* (Paris, 1998), pp.272ff。

[2] *Lettres* 192.

为俄瑞斯忒斯或冥想的练习》(*Being Orestes or the Exercise of Meditation*),后改为《变成俄瑞斯忒斯或冥想的练习》(*Becoming Orestes or the Exercise of Meditation*),再后来精简为《俄瑞斯忒斯》(*The Orestes*)。巴塔耶的笔记和文稿从1942年秋天到1944年一直处于酝酿和构思之中,其中部分内容发表于莱斯居尔的《信息》杂志。而整本书直到1945年11月才出版问世。俄瑞斯忒斯——这个行事出格、杀人弑亲的儿子——当然是森林之王的另一化身。巴塔耶在弗雷泽、拉辛(Racine)和埃斯库罗斯的作品中发现了他的故事。动笔写了一年之后,巴塔耶发现萨特在《苍蝇》(*The Flies*)中已经以自己的版本写出了俄瑞斯忒斯的故事。

其他的诗歌和冥想式的散文小说就接踵而至了。《小不点》(*The Little One*)可被解读为《有罪》的内容摘要,或在形式上与《俄瑞斯忒斯》大致相当。该书于1943年以路易三十这个笔名出版。《大天使的》(*Archangelical*)——写于1943年,出版于1944年——再一次回应了福利尼奥的安吉拉。《死人》和《朱莉》(*Julie*)共同组成了一部小说的姊妹篇,描述色情生活,既是逃离死亡,也是逃向死亡。在巴塔耶的有生之年,这两部小说以及很多诗作都未能出版。但他仍笔耕不辍,未完成的作品写了一叠又一叠。

在请假离开国家图书馆期间，巴塔耶非常缺钱。战争最后几年写成的作品无疑是出于经济方面的考虑。例如1944年，巴塔耶与亨利-弗朗索瓦·雷伊（Henri-François Rey）合作，开始动笔创作剧本，《燃烧的房子》(*The Burning House*)就是其中之一。一如既往，剧本未能写完。他还向伽利玛出版社提出了小说《死亡治疗的服装》(*Costume d'un cure mort*)的选题计划，并希望写成一本通俗小说。这个计划最终也泡汤了，但《裂殖生殖》(*Scissiparity*)无疑就是这部未尽之作中写成的那部分。除了所有这些以外，巴塔耶还继续撰写他那本《被诅咒的共享意识》。

即使在战争期间，《内在体验》还是激起了一些争议。比利时的一群超现实主义者——布勒东在纽约期间，他们独立开展活动——在一本受错误路线指导的宣传册《上帝的名字》(*Nom de Dieu*)中攻击巴塔耶的这本书。他们批判巴塔耶对所有事物都过于理想化，巴塔耶对此则一笑置之。然而，1943年10月到12月，让-保罗·萨特对该书的评论文章《一个新的神话》（"Un Nouveau mystique"）分三期发表于《南方杂志》(*Cahiers du Sud*)，这是巴塔耶难以忽视的。萨特当时正声名鹊起：他是《存在与虚无》(*Being and Nothingness*)和《苍蝇》的作者。他的批评语言既尖酸刻薄，又光芒四射，笔调幽默，态度傲慢，冷嘲热讽，对该书怒不可遏。一方面，萨特称赞巴塔耶行文的张力和强大的感染力——将其与帕斯卡尔和卢梭、尼采和超现实主义者等先驱联系起来——还称赞巴塔耶对于基督教神学的批判；但萨特认为巴塔耶对于上帝之死表现出了恐惧和遗憾的口吻，这是他所不能忍受的。对萨特来说，赞美内在体验的癫狂，同时为产生这些癫狂的条件感到惋惜，这是一种背信弃义之举。对他而言，上帝之死宣告了人的地位的提升：无限开启了人的自由和责任。神圣的天意让位于人的理性、意志和志业。当然，巴塔耶对人的意志是缺乏信心的，如同他怀疑上帝一样。

巴塔耶无疑被萨特的评论刺痛了。萨特立刻像安德烈·布勒东一样成为他重点攻击的对象之一。自此之后，巴塔耶经常对萨特的著述做出评论，即便并非总是一概否定，言辞中也必然刻薄犀利，并在笔记本中反复思考他与萨特思想的差异。从此以后，哲学对巴塔耶来说戴上了一副萨特的面具。

他最初对萨特的回应非常直接。他要求马塞尔·莫雷在家中组织一次讨论会——战争期间，莫雷常做此事——并邀请了一批很有名望的客人：其中有朋友和同事，如布朗肖、皮埃尔·普雷沃、让·波扬、让·布鲁诺、克罗索斯基、莱里斯和莱斯居尔；此外还有重要的对话者，如萨特、加缪、西蒙娜·德·波伏娃、让·伊波利特、莫里斯·梅洛-庞蒂、莫里斯·德·冈地亚克（Maurice de Gandillac）、加布里埃尔·马塞尔、阿瑟·阿达莫夫（Arthur Adamov）、路易·马西尼翁（Louis Massignon）、米歇尔·卡鲁日（Michel Carrouges）；还有其他人士，包括几位牧师。这个名单囊括了巴黎知识界所有重要人物。讨论会的日期定于1944年3月5日。尽管战时的物资供应实行配给制，但莫雷还是安排了一场午餐宴会，巴塔耶做了一场事先准备好的讲座，论题是罪恶。巴塔耶的朋友让·达尼埃卢（Jean Daniélou）神父根据事先的准备对此作了回应。莫里斯·德·冈地亚克则主持了接下来的讨论。

《有罪》已于2月出版，但无论这本书还是《内在体验》，巴塔耶在讲座中均只字未提。他此次的讲座构成了下一本书《论尼采》(*Sur Nietzsche*)的第二部分内容。巴塔耶提出罪恶是人与人之间交流的方式。罪恶是对常规的违背，可能使人与人之间相互开放。对于耶稣被钉死于十字架，他认为这既是最大的恶，也是最大的善，是基督教中最具冲击力的形象，也是最具沟通性的形象。巴塔耶的听众极力反对他离经叛道地使用基督教语言，反对他企图在莫斯僭越性的献祭语

第十四章　超越诗歌

言和基督教语言之间架起桥梁。

在场的基督徒也反对他对罪恶的认识。让·伊波利特反对巴塔耶活力论者的语言（vitalist language），反对他对黑格尔的用法，指出否定应该发生于个体内部，而非巴塔耶认为的那样在个体之外。萨特则提出了别的视角，任何时候只要个体选择创造新的道德秩序，罪恶就消失不见了。但是，巴塔耶并未提出一个新的秩序，而是主张违反和摆脱秩序。他提出的自由是萨特所无法理解的。阿瑟·阿达莫夫、莫里斯·德·冈地亚克和路易·马西尼翁承认，他们对巴塔耶讲话中绝对真实、坦诚的语气感到震撼。而就在几年前，罗杰·凯卢瓦和米歇尔·莱里斯还嘲笑巴塔耶摆弄巫术，丹妮丝·罗兰把他看作假扮某个角色的"演员"。但现在他的声音却给人留下了绝对真实的深刻印象，虽然他很排斥将真实性作为立论的基础。他的思想未必那么确切无误，对哲学和基督教的认识未必充分，但他的演讲最后还是很有说服力。1945年，马塞尔·莫雷在他的刊物《活着的上帝》(*Dieu Vivant*)中发表了讲座的摘要以及讨论的全文。[1]

---

[1] 参见 "Discussion on Sin", *OC* 6, 314—359; *The Unfinished System of Nonknowledge* 26—74。

在《论尼采》中，巴塔耶还以其他两种方法回应了萨特的批评。他在书的附录中放入了自己直接的回应文章，承认自己大体上接受萨特的批评，但指出萨特未能理解他思想的运动过程。此外，在日后成为《论尼采》主要部分的日记中，巴塔耶描述了在米歇尔·莱里斯的公寓里举办的一次聚会场景，当时他和萨特——这个哲学家！——在这个"荒谬的赠礼宴会"上醉酒后在一起跳舞。[1]

4月，两年前迫使他请了病假的肺结核仍然折磨着巴塔耶，他搬到了塞纳河畔的萨莫斯小镇居住。黛安娜就住在附近的布瓦勒鲁瓦，他会骑着自行车去看她。每两周，他还会去一次枫丹白露，治疗肺病。这些是法国战事的最后几个月，《论尼采》记录了军队横扫残敌的场面，炮声隆隆，机枪射击，败落的德国人溃不成军，同时记录了黛安娜的离去给巴塔耶带来的孤独感。这时，他们二人只能暗通款曲，和去年夏天在韦兹莱的情形一般。他们还有信件往来，互诉衷肠。巴塔耶写道："你问我为何爱你，我对你说了原因，但此外还因为我在你身边呼吸到了我所呼吸过的最纯净的空气。当然，还因为你令我捉摸不透，愁苦不堪。"[2] "你是

---

[1] *OC* 6, 90; *On Nietzsche* 75.

[2] *Lettres* 230.

第十四章 超越诗歌

一个所有其他人都讨厌的人……你是一个在死亡地带呼吸的人。"[1]《哈利路亚：狄亚努斯的教义问答》(*Alleluia:the Catéchisme de Dianus*) 就来自写给黛安娜的书信，每个部分都是对她和她的问题的回答。

> 你首先必须知道，任何事物有明晰的一面，也会有隐晦的一面……相爱之人只有在相互伤害时才能发现彼此。双方都渴望痛苦。欲望在他们之中渴望获得不可能之物……实际上，快乐并不太重要，是一种额外之物。愉悦或者快乐，恐惧的疯狂颂歌，表明你的心已经变得敏感脆弱了。[2]

9月，巴黎和萨穆瓦被收复，巴塔耶的医生将一根针插进他的肺部，寻找感染之处。结果发现巴塔耶已经痊愈了。

---

[1] *Lettres* 231.

[2] *OC* 5, 395, 403, 416; *Guilty* 147, 152, 160.

第十五章　在超现实主义和存在主义之间

1944年10月，巴塔耶回到了巴黎。这个法国的首都被解放刚刚几个月的时间，生活尚未恢复正常。不久后，皮埃尔·拉瓦尔（Pierre Laval）以及作家罗贝尔·布拉西亚克（Robert Brasillach）这样的通敌者遭到处决，路易·费迪南·塞利娜（Louis Ferdinand Céline）等人被流放。夏尔·戴高乐（Charles de Gaulle）已回来领导临时政府，但经济因物资匮乏而陷于瘫痪，很快几乎被黑市商人所控制。随后几年中，战后的政治将使法国处于冷战的中心——无论对东方还是西方，法国都抱有同情和需要。直到1947年，法国才出现稳定的政府，但这也好景不长。战后十五年也是法国快速实现现代化的十五年。研究机构和知识分子们都力求紧跟时代的步伐。战前超现实主义的统治地位将受到新思潮的挑战，如存在主义；而共产主义的各种化身——每一个都与斯大林的思想遗产展开争夺——一直都是美国式自由民主的陪衬。在这些岁月里,巴塔耶作为取之不尽,用之不竭的对立思想资源,身处所有这些论争的边缘地带,并获得越来越多的赞誉。勒内·夏尔在一封给巴塔耶的信中写道:"人类生活的一个完整、重要的地带现在取决于你。昨天,我也对安德烈·布勒东说了同样的话,他同意我的看法。在这样一个财富匮乏的时代……你居然能够存在,这对我来说是一个奇迹。"[1]

战争期间,审查制度和纸张匮乏限制了出版活动。因此,随着国家的解放,文学天赋在被压抑后出现了大爆发:新一代出版人应运而生,服务于新一代作家,同时力争从战后作家的声誉中获得回报。20世纪30年代,巴塔耶只为几家刊物撰稿,经常每次只与一两家刊物合作。而十年之后,他成了炙手可热的人物,稿件常常供不应求。当时,他因请假仍未回到国家图书馆工作,写作对他来说是必要的经济来源,但远不能满足他的需要;他的需求不多,但仍显得奢侈。

在最初几个月,巴塔耶与画家加斯顿 – 路易·鲁(Gaston-Louis Roux)以及作曲家勒内·莱博维兹(René Leibowitz)

---

[1] 引自 *Lettres* 402 脚注。

第十五章　在超现实主义和存在主义之间

等好友住在一起，但最后——当黛安娜彻底与丈夫分居之后——他终于和黛安娜生活在一起。1945 年 6 月，他们决定回到韦兹莱，搬回位于圣艾蒂安街 59 号的房子。这是巴塔耶之前居住了两年的地方，也是他们初次见面的地方。

1945 年 2 月，巴塔耶向皮埃尔·卡尔曼－列维（Pierre Calmann-Lévy）提议出版一套名为《时事》（*Actualité*）的丛书。该丛书将以不同主题出版论文集，主编为巴塔耶、皮埃尔·普雷沃、让·卡苏（Jean Cassou）和莫里斯·布朗肖。丛书各册的时间间隔并不相等，但都及时因应了时事。第一卷——名为《自由西班牙》（*Free Spain*）——回顾了西班牙内战结束十年之后的政治形势。第二卷将以国际视角看待经济学和社会科学中的问题。第三卷思考当下法国政治与文学之间的关系。卡尔曼支持这一出版计划，但最终只出版了第一卷。阿尔贝·加缪（Albert Camus）为该册撰写了序言，其中文章的作者包括巴塔耶、布朗肖、阿尔贝尔·奥利维耶（Albert Ollivier）、罗杰·格勒尼埃（Roger Grenier）、加西亚·洛尔迦（García-Lorca）和 W. H. 奥登（Auden）等。巴塔耶的文章有关海明威，之后是黛安娜翻译的一篇同主题文章。在之后的几年中，巴塔耶和黛安娜打算合作翻译一些来自英文的作品：具体翻译由黛安娜做，巴塔耶再将译文加工为准确通顺的法文。例如，为伽利玛出版社翻译玛格丽特·米德（Margaret Mead）的《来自南海》（*From the South Seas*），为一家瑞士出版商翻译威廉·布莱克的诗集。但二者都未开花结果，《时事》其他分册的结局也是如此。第二卷为撰稿人的拖延所误，导致该卷在1947年失去了资金支持。此时，卡尔曼－列维感觉这个出版项目已失去了时效性，而巴塔耶和其他主编都已转入其他工作。

1945年2月和4月，伽利玛出版社分别出版了《论尼采》和《备忘录》（*Memorandum*），《备忘录》的规划始于阿塞法勒时期，由巴塔耶编写并撰写导读。令巴塔耶始料未及的是，这两本书的出版都未能赶上尼采的百年诞辰。1945年，巴塔耶还在四面风出版社出版了《奥瑞斯提亚》（*The Oresteia*）；在源泉出版社出版了《多蒂》；在孤立出版社出版了《爱华妲夫人》的新版本，插图作者为当时以笔名让·佩尔杜（Jean Perdu）署名的让·福特里耶（Jean Fautrier）。从这阵出版旋风——包括新的、旧的以及重新编辑的作品——可以看出战后巴黎知识界的活力以及在此新知识体系中巴塔耶的重要地位，还可以看出巴塔耶紧迫的经济压力。他还与表亲合作，根据陀思妥耶夫斯基的《地下室手记》撰写了一

第十五章 在超现实主义和存在主义之间

部广播剧。这些就是他快速而多样的创作活动。

与此同时，在1945年秋，皮埃尔·普雷沃将巴塔耶介绍给了出版商莫里斯·吉罗迪亚（Maurice Girodias）；这位出版商的父亲——杰克·卡赫纳（Jack Kahane）——曾是亨利·米勒（Henry Miller）的作品在巴黎的第一位出版商。年轻的吉罗迪亚于1939年接过了父亲的生意，通过他的橡木出版社出版法文图书。几年之内，吉罗迪亚就创办了奥林匹亚出版社，出版英文的色情作品和文学作品。贝克特的《瓦特》(*Watt*)、纳博科夫（Nabokov）的《洛丽塔》(*Lolita*)和巴勒斯（Burroughs）的《裸体午餐》(*Naked Lunch*)最初都是奥林匹亚出版社的书目。吉罗迪亚还同意资助创办一份由巴塔耶主编的刊物，名为"批评"。[1]

《批评》可仿效17世纪的《科学家杂志》(*Journal des savants*)，或更为直接地效仿一份比较晚近的刊物——苏瓦林的《社会批评》。这份刊物将对世界范围的文学艺术、社会科学甚至自然科学领域的出版物作出评论。刊物内容的跨学科多元性会使人想起《文献》，但不会想起这份刊物鲜明

---

[1] 参见 Sylvie Patron, *Critique, 1946—1996, une encyclopédie de l'esprit moderne* (Paris, 1999)。

的论争色彩。这份月刊中的所有文章都是评论，长短不一。《批评》无所不包，但也极力紧贴时事，造成影响。巴塔耶担任刊物主编，普雷沃则任执行主编。布朗肖、皮埃尔·约瑟兰（Pierre Josserand，巴塔耶在国家图书馆的好友）、阿尔贝·奥利维耶（来自《战斗》杂志）、朱尔·莫内罗和埃里克·韦尔组成了第一届编辑顾问委员会；乔治·安布罗西诺和亚历山大·科耶夫等很多朋友成了刊物的撰稿人。第一期于 1946 年 7 月出版，宣称捍卫亨利·米勒。米勒最近被翻译的作品——其中一部是由吉罗迪亚出版的——遭到查禁。

《批评》进入了一个充满竞争的竞技场。《战斗》和天主教的《精神》等杂志已经确立了自己的地位，但在该领域占据统治地位的是另一份新刊物：让-保罗·萨特主编的《现代》（*Les Temps Modernes*）。《现代》创刊于 1945 年 10 月，由伽利玛出版社出版发行，编委会成员包括雷蒙·阿伦、西蒙娜·德·波伏娃、莫里斯·梅洛-庞蒂、阿尔贝·奥利维耶、让·波扬和米歇尔·莱里斯。这是萨特自己的刊物，宣扬一种介入性文学（committed literature）学说：一种力图成为时代标尺的文学，同时主张局限于历史偶然性的个体独立性。自由与责任、主体与社会交汇于一种政治性和新闻性写

第十五章 在超现实主义和存在主义之间

作之中。诗歌——萨特在解读超现实主义时的典型例证——视词为物，满足于在文学的迷局中摆弄文字。但新闻性写作却致力于介入现实世界：其词语是工具，而非装饰。《现代》杂志面向时代发声，并拥有一批近来声名鹊起的著名作家，因此发行量猛增。

与《现代》相比，《批评》的办刊者们从未达成一致意见。即便在筹划阶段，由于对刊物的政治导向意见不一，《批评》遭遇了夭折的危机。对于共产主义，皮埃尔·普雷沃和阿尔贝·奥利维耶明确反对，而埃里克·韦尔却表示支持；布朗肖居中，认为反共产主义的立场是"站不住脚的"。[1] 巴塔耶赞成布朗肖的观点，但同时主张办刊方针和实践应融合各种不同视角，而不能仅仅采取某种受意识形态操控的立场。在之后几年的办刊过程中，其他阻碍和分歧如影随形：例如，巴塔耶对于萨德侯爵作品的讨论和支持过于频繁，埃里克·韦尔觉得无法忍受。巴塔耶当时正在考虑写一本有关这位"神圣侯爵"的书——《萨德与色情的本质》(*Sade and the Essence of Eroticism*)。

尽管《批评》的内容多样，作者的背景也各不相同，但

---

[1] *Lettres* 290.

从中还是可以解读出巴塔耶当时的思想风格，作者也多是他的朋友。在最初几年，刊物的大量文章都是巴塔耶及其好友自己撰写的，有的以本名发表，有的则以笔名。巴塔耶自己选定内容——列出很长的书目让普雷沃照单购书，还列出了对应的评论家的名单——他努力使刊物具有时效性。这是一个在政治和艺术领域激烈争鸣和动荡的时代，《批评》所开辟的道路既批判共产主义和资本主义，也批判存在主义和超现实主义，所有这些都是当时主流的意识形态和中心议题。

一旦有了《批评》这样一个可靠而稳定的平台，巴塔耶撰写了大量作品，论题涵盖文学和哲学、艺术和经济学、心理学、社学会、性、宗教、种族主义、政治以及大规模死亡；他的作品全集中有两卷写于1945到1949年之间，共一千页。[1] 他将其中一些短篇集结成较长的作品——实际上，他当时在写这些短篇时就在考虑长篇的著述——例如《被诅咒的共享意识》。另外一些是时事评论，紧扣时局。还有别的一些可被解读为巴塔耶提交给出版商的作品片段，他希望自己能完成这些作品，但最终未能实现：例如，《莫里斯·布朗肖和存在主义》(*Maurice Blanchot and*

---

[1] VII 和 XI 卷，还有 III、V、IX 和 X 卷的一些部分。

第十五章 在超现实主义和存在主义之间

Existentialism)和《超现实主义宗教和哲学》(*Surrealist Religion and Philosophy*)都是他在1948年提交给伽利玛出版社的作品。[1]这两个书名都反映了巴塔耶当时写作的主要论题。

此时,存在主义渐趋走红;萨特对于《内在体验》的负面评论,巴塔耶仍耿耿于怀,于是常常将自己置于宿敌安德烈·布勒东的阵营。战争期间,布勒东一直住在纽约,1946年5月才回到巴黎。此时,萨特的存在主义已经在思想界占据了统治地位。通过写作捍卫超现实主义也就成了巴塔耶反对存在主义者的策略。但是,他对于存在主义的批判方式并非幼稚浅白,对于自己的宿敌也并非尽是溢美之词。但此时他将自己描述为——颇有些言不由衷——超现实主义"阵营内部的宿敌"。[2]在《思维方法》(*Method of Meditation*)中,他将自己的作品更准确地界定为"对超现实主义的超越,但同时与之并行不悖"。[3]尽管他承认存在主义哲学探索的思想价值,但"就人类对自身的拷问而言",他写道,"超现实主义之外无一物。"[4]

---

[1] *Lettres* 392.

[2] *OC* 11, 31; *The Absence of Myth* 49.

[3] *OC* 5, 194; *The Unfinished System of Nonknowledge* 77.

[4] *OC* 11, 32; *The Absence of Myth* 51.

巴塔耶对于萨特的批评主要集中于他对于人类自由的诠释，即人类自由既受制于理性，也受制于偶然性。如果说萨特看到的是一种偶然性，那么超现实主义者——或者代表他们的巴塔耶——提出了可能性以及无限反抗。但是，巴塔耶对超现实主义的支持并不是没有条件的。他依旧固守先前对于超现实理想主义的批评，以及对于其无足轻重的艺术探索的批评。他所支持的只是超现实主义对于无限反抗的诉求以及美学变革的超现实主义风格，而此时恰逢超现实主义运动的转型期。由于布勒东身在国外，这场运动产生了新的领袖和新的议题。例如，巴塔耶的朋友米歇尔·法尔杜利-拉格朗日在1945年创办了《第三护航》(*Troisième Convoi*)，此举明显意在超越战前的超现实主义。[1] 巴塔耶为这份短命的评论刊物撰写了几篇篇幅较短却颇有分量的文章，阐明自己的观点。其他撰稿人包括让·马凯（Jean Maquet）、弗朗西·毕卡比亚（Francis Picabia）、安托南·阿尔托、阿瑟·阿达莫夫和勒内·夏尔。夏尔此时刚刚与巴塔耶成为好友。

1947年，《批评》更换了出版商：被伽利玛出版社抛弃后，该刊被卡尔曼-列维接纳，即那套中途流产的《时事》

---

[1] 1998年，《第三护航》由法拉戈出版社再版发行。

第十五章 在超现实主义和存在主义之间

丛书的出版商。此时，巴塔耶又推出了一系列短篇和再版作品：由源泉出版社出版的《思维方法》；《眼睛的故事》经大幅修改后由 K. 出版社（Editions K.）出版；《哈利路亚：狄亚努斯的教义问答》在加入福特里耶创作的插图后由奥古斯特·布莱佐书店（Auguste Blaizot）出版，无插图版则由 K. 出版社出版；《老鼠的故事》（*The Story of Rats*）——又名《狄亚努斯的日记》（*Dianus' Journal*），由阿尔贝托·贾科梅蒂（Alberto Giacometti）创作插图——和《诗歌的仇恨》（*La Haine de la Poésie*）由午夜出版社（Editions de Minuit）出版。巴塔耶在短时间内出版了大量短篇图书，但他和编辑担心这样会影响图书的销量。然而，这些文本和版本都各不相同。有些图书是限量发行的精装插图版本；其他则是印数较少的短篇作品，之后被巴塔耶收入印数较大的长篇作品中集结再版。还有其他作品只能私下秘密出版——如《爱华妲夫人》和《眼睛的故事》——这些作品自初版后长期未有再版印刷。[1] 而且，这些作品出版时的署名也不是同一个：色情作品的署名作者是皮埃尔·安热莉克和奥赫勋爵，而狄亚努斯

---

[1] 巴塔耶对《眼睛的故事》作了彻底的改写，确保在他的全集中既收入新版本，也保留老版本。

是其他一些作品的虚构作者。

有人也许要问巴塔耶为什么没有将《正午的蓝色》列入这一大批作品中出版？巴塔耶给各家出版商提交的写作计划有一书架之多，但最终出版发行的只是一部已完成小说的一小部分内容，即《多蒂》。全本小说直到十年之后才与公众见面。巴塔耶努力让自己的作品出版问世，我们或许可以认为这是出于经济动因，但同时也证明了他既想集中展示自己所有作品的全貌，也想展现某个独特的思想。

1947年7月，午夜出版社与巴塔耶签约，委托其主编一套系列丛书，丛书名最初为"醉汉"，后改为"财富的使用"。这套丛书计划遵循尚处萌芽期的《被诅咒的分享意识》的思想原则，将推出一系列研究著述，每年六本，包括亚历山大·科耶夫的黑格尔论著、米尔恰·伊利亚德（Mircea Eliade）的密教论著、克洛德·列维-斯特劳斯的冬季赠礼节论著、马克斯·韦伯（Max Weber）的新教伦理和资本主义精神的论著；此外，还有乔治·迪梅齐、布罗尼斯拉夫·马林诺夫斯基（Bronislaw Malinowski）、阿尔弗雷德·梅特罗、弗朗索瓦·佩鲁（François Perroux）、让·皮埃尔、乔治·安布罗西诺以及巴塔耶自己的著述。1948年，巴塔耶读到《金赛性学报告》（Kinsey Report）便立即——结果

第十五章 在超现实主义和存在主义之间

未能成功——争取得到翻译版权，将其纳入丛书之中。最终，他在《批评》上就该报告发表了长篇评论（此文后又收入《色情》出版）聊以自慰。这套系列丛书最终只出版了两卷，让·皮埃尔的《美国的财富及其命运》（*La Fortune Américaine et son destin*）和巴塔耶的《被诅咒的共享意识》，均出版于 1949 年。

经过将近二十年的文章、提纲和草稿准备，《被诅咒的共享意识》终于将 1947 到 1949 年期间发表于《批评》的文章结集出版。虽然书中表现出的文风既深思熟虑又充满自信，但写作该书的信心常常在犹豫中有所动摇。在 1947 年和 1948 年整整两年期间，巴塔耶都试图邀请乔治·安布罗西诺——巴塔耶的物理学家朋友，从民主共产圈、反攻运动、阿塞法勒组织到如今的《批评》一直追随着巴塔耶——合作撰写此书，他的犹豫不决于此可见一斑。巴塔耶最初的建议是他们合作完成一本书。如果不可行，此书就设计为多卷本，他们每人各写其中一卷，如此可在不知不觉中更正彼此作品中的错误：巴塔耶的这一卷涵盖献祭中耗费的各种形式，安布罗西诺在另一卷则专论耗费的物理特征。对此，安布罗西诺开始未作回应，最后又表示反对，这使巴塔耶非常沮丧。巴塔耶因此指责他不仅对自己也对别人缺乏信心。但当《被诅咒的共享意识》最终出版时,巴塔耶还是在第二个脚注中非常真诚地对安布罗西诺表示感谢。"这本书在很大程度上是安布罗西诺的作品,"巴塔耶写道。[1] 这个声明又一次佐证了巴塔耶在写作和生活中所实践的一种合谋。

既然安布罗西诺不愿参与,巴塔耶便只有独立完成该书,大部分写于 1948 年。他在《批评》中选择了他能够评论的书,这些书与他的论题是相关的:阿兹特克人献祭、冬季赠礼节、佛教、伊斯兰教、新教、现代资本主义、苏联共产主义和马歇尔计划中的耗费。"理论导论"部分重申了耗费概念:生物组织——从单细胞到人类社会,到宇宙秩序——摄入或创造的能量超过了他们的需要;其中一部分能量能够以有用的方式被消耗,但剩余部分则以"荣耀或灾难的方式"必须被浪费,虽然这种浪费未必是在最初积累能量的经济学语境中发生的:牛可以在宗教献祭中被屠杀,卡路里可以在笑声中被消耗。这本书在宗教和经济学思想领域提出了一场哥白尼式的革命;对于自己的思想能否被接受,巴塔耶既比较保守,也充满希望。这本书讨论的问题虽然涉及美学、经济学、历史学、物理学、心理学和宗教,但并不

---

[1]　*OC* 7, 23; *The Accursed Share* 191.

第十五章　在超现实主义和存在主义之间

在任何一门学科的讨论范围之内。如同尼采的《查拉图斯特拉如是说》，这本书既是为所有人所写，也不为任何人所写。巴塔耶心中暗自思忖，这本书也许能为自己赢得诺贝尔奖。

2月，巴塔耶在撰写《被诅咒的共享意识》的间歇来到巴黎，举行了一系列讲座。24日，巴塔耶在今日俱乐部（Club Maintenant）以"超现实主义宗教"为题发表演讲；26日和27日，他又在巴黎哲学学院（Collège Philosophique）概述了宗教经验史。1945年，马克·贝格伯德（Marc Beigbeder）和雅克·卡尔米（Jacques Calmy）组织成立了今日俱乐部。在俱乐部的支持下，位于圣日尔曼大道184号的地理学会大厅就哲学和文化议题举办讲座。萨特曾在此以"存在主义是一种人道主义"为题发表演讲。位于雷恩街44号的巴黎哲学学院由让·瓦尔在前一年创立，成为学院体系之外的当代哲学思想论坛。[1] 这里只以这两个场合为例，说明战后的巴黎延续了社会学学院等学术争鸣论坛的传统。

从3月到5月，巴塔耶通过《宗教理论》重写了宗教

---

[1]　参见 Jean Maquet, "Les Conférences du 'collège philosophique'", *Critique*, 31 (December 1948)。

经验的哲学史，但此时他主要的精力还在《被诅咒的共享意识》这本书上。《宗教理论》此时几近完稿，金面具出版社（Editions au Masque d'Or）已接受此稿，甚至宣布即将出版；但是，这本书已不是巴塔耶重点关注的对象，结果在他有生之年未能出版。在巴塔耶完成的一系列书稿中，这是第一本，但在接下来几年中一直未能出版。

1948年12月1日，黛安娜在日内瓦生下女儿朱莉，一家人的经济状况变得更加窘迫。由于身居韦兹莱，时年51岁的巴塔耶无法履行他作为丛书主编与午夜出版社签订的合同，而且在向伽利玛出版社提交的写作书目中，他一本也未能交稿。他此时已入不敷出，不得不做出妥协。

1949年2月，《被诅咒的共享意识》终于出版。为推广此书以及自己的研究成果，巴塔耶在伦敦（法国文化中心[Institut Français]和剑桥大学）和巴黎（今日俱乐部和巴黎哲学学院）发表了一系列讲座。但是，这本书在第一年只售出了50本左右。当然，巴塔耶未能获得诺贝尔奖的提名。

1948年，虽然《批评》杂志被一个记者委员会评定为"当年最佳刊物"，但销量并不好。刊物编委会成员——主要是巴塔耶和埃里克·韦尔——之间的分歧以及巨大的财务赤字

第十五章 在超现实主义和存在主义之间

致使刊物每况愈下。1949年9月,卡尔曼-列维停止了对刊物的资金支持。

巴塔耶此时焦头烂额,手忙脚乱。为了暂时缓解捉襟见肘的生活,他于5月在卡庞特拉的普罗旺斯城开始受雇于因奎贝尔提那图书馆。7月1日,他带着家人搬入了一套很小的公寓,位于图书馆后面的一条阴暗的小巷中。

第十六章　大　全

卡庞特拉距阿维尼翁的教皇之都仅有几公里的路程，位于彼特拉克笔下的旺图山之阴；此地面积很小，土壤贫瘠，枯燥乏味，仅以草莓闻名。巴塔耶现在就职的因奎贝尔提那图书馆由因奎贝尔的马拉奇主教于1745年建成，主教曾是教皇克莱曼十二世的图书馆馆长。自从在罗马被解职后，主教便回到家乡卡庞特拉，向公众开放自己私人收藏的图书和艺术品。主教的这批捐赠就成了后来的市立图书馆，共五千册善本和手稿。对于巴塔耶这个档案学家来说，这批收藏至少一开始还是引起了他的兴趣，虽然未必能够与国家图书馆的藏书相提并论。

在这个令人乏味的城市，巴塔耶和黛安娜居住在一套与图书馆后部相连的公寓，这里离巴黎有一整天的路程，他们很快就有了厌倦之感。而尼姆的斗牛表演为他们带来了一些快乐。他们会前往观看这些表演，毕加索和他的随从有空时也会一同前往。但总体而言，他们在卡庞特拉的生活并不快乐。不到两年；巴塔耶就会申请调离此地。

巴塔耶到卡庞特拉后，除了图书馆的工作，还忙于其他一些事情。《被诅咒的共享意识》的封面预告了丛书的第二册为《从性痛苦到广岛的灾难》(*From Sexual Anguish to the Catastrophe of Hiroshima*)，巴塔耶此时全力写作此书。这本书是根据过去四年发表于《批评》的有关萨德及其他论题的文章修改而成的。但他要写的书不止这一本。

1949年3月，巴塔耶在韦兹莱写信给阿尔贝·加缪，告诉对方他将根据其观点把一系列有关道德的文章集结成书。

卡庞特拉的图书馆。

第十六章 大 全

巴塔耶之前一直在为《批评》撰写有关加缪作品的评论,并认为可以这些文章为基础写成一本书,名为《阿尔贝·加缪:道德与政治》(*Albert Camus: Morality and Politics*)。这本书将加缪置于与尼采和萨德、超现实主义和存在主义的关系之中,置于与冷战政治抉择——斯大林主义与马歇尔计划——的关系之中。1950年是尼采去世50周年纪念,为此撰写的几篇文章独占重要地位,融合了有关加缪的论著和有关尼采与共产主义的论著。巴塔耶认为加缪的观点为多数人所接受;当然,他认为并不包括"那些甘愿为奴之流"。[1] 因为担心加缪会把他看作支持酷行之人,巴塔耶尝试让他相信"只有所有谴责、惩罚和判决的恐怖才会使他寻求超越正义的道德"。他在信的结尾希望加缪从信中看到真正的友谊。巴塔耶在信中对加缪的口吻显得谦卑而极其真诚,而加缪当时三十六岁,比他小十六岁。

1949年12月,定居在卡庞特拉的巴塔耶委托让·皮埃尔为《批评》物色一家新的出版商。皮埃尔接触了几家可能接纳该刊的出版机构,不仅是巴黎的出版机构,还有国外的。阿尔班·米歇尔(Albin Michel)、内格尔(Nagel)、马可

---

[1] *Lettres* 394.

埃（Macrès）、查尔斯·迈耶（Charles Mayer）和瓦尔德马·古利昂（Waldemar Gurian）等出版商都先后成为考虑的对象，但最终——1950年3月——午夜出版社接过了继续出版该刊的责任，这无疑得益于哲罗姆·林顿（Jêrome Lindon）对巴塔耶本人的信任。埃里克·韦尔和让·皮埃尔愿意分担一些执行编辑的职责，巴塔耶则负责对稿件的终审。韦尔有意分享编辑的职权，却被巴塔耶拒绝了。但在整个20世纪50年代，巴塔耶却在办刊方向上给予皮埃尔更多的决定权。在这些年中，韦尔试图确保《批评》保持与大学系统的联系，但皮埃尔却希望刊物紧贴潮流：引入新生作家（如罗兰·巴特以及后来的米歇尔·福柯）和新的论题（如刚刚出现的新小说）。直到1950年10月，第一期才出版发行，专题讨论午夜出版社的系列作品；至此，该杂志在停刊长达十三个月之久后复刊。

巴塔耶在办刊的间隙还要忙于写小说。1944年，他向伽利玛出版社提交了名为《一个亡灵牧师的服装》（*Costume d'un curé mort*）的创作计划，但最终未能写完。五年之后，他从稿件中抽取了几页内容以"裂殖生殖"（*Scissiparity*）为题发表于让·波扬的《七星诗社笔记》（*Cahiers de la Pléiade*），此外还由午夜出版社出版了另一篇与之相关的短篇故事《艾潘妮》("Eponine")。受詹姆斯·霍格《一个清白罪人的私人回忆和忏悔》(*The Private Memoirs and Confessions of a Justified Sinner*)(1824)的启发——巴塔耶在1949年6月的《批评》上称之为"一部可怕的小说"——他在1949年夏秋两季将《艾潘妮》拓展成为长篇小说。这些日子对巴塔耶来说显得紧张而消沉,他在卡庞特拉感到心事重重并有些孤单。《神父 C.》(*L'Abbé C.*)——由此书名可见——就反映了他当时的精神状态。

类似于《内在体验》,这本书使用了复杂的——此处意为人造的——编辑手段,摆满了一个大厅的镜子,而杂乱无序的叙事便穿过这些镜子。一位"编辑"自始至终贯穿小说;一个名叫查尔斯的双胞胎也自始至终讲述这些事件,还引出了他兄弟的"笔记"。罗贝尔·C. 是个牧师——《神父 C.》中的同名人物。小说记录了他从天真无邪堕入放荡无度的历程。堕落是由艾潘妮造成的;这是类似于爱华妲夫人的反面角色,为了展示与神的亲密关系,她在教堂的钟楼上将肛门暴露在罗贝尔面前。

这部小说既是黑格尔式的,也是悲剧的:具有黑格尔哲学的特征,这是因为它主张全力赢得认可——因此能够赢得控制权;之所以是悲剧的,这是因为故事中的人物不断滑脱自己的身份：此处的认可不断被证明是误认。兄弟二人虽是一模一样的双胞胎，但也截然不同：查尔斯放荡不羁，而罗贝尔是个虔诚的教徒。但随着故事的展开，我们就能清楚地发现罗贝尔只是在扮演神父的角色，而未能恪守教义；而且，对于艾潘妮的投怀送抱，罗贝尔的喜笑颜开也是假装的，至少是夸大的反应。虽然艾潘妮——罗贝尔儿时的玩伴——是村里的妓女，身份低贱，但比起罗贝尔的虚伪，她的水性杨花也算不上什么罪孽。罗贝尔在街上碰到艾潘妮就装作不认识。就艾潘妮而言，她企图引诱罗贝尔承认贪图她的美色——并借此控制他，最终重获她自己的身份。但罗贝尔的内心就是一个骗子，他对这些已毫不在意，因此不断令艾潘妮捉摸不透，无法理解。

实际上，罗贝尔最近刚刚回到山区的小教区，接替一位刚刚去世的神父。随着故事的深入，罗贝尔本人也逐渐滑向死亡，最终一命呜呼。他不是死于自己经常发作的疾病（都是假装的），而是死于盖世太保之手。由于参与抵抗活动，他遭受了盖世太保的酷刑折磨。这些抵抗活动在小说通篇都较为隐秘：这些活动虽然对时局非常重要，但对于小说情节则并非如此。此处同样如此，即小说既是黑格尔式的，也是悲剧的：故事中的人物与他们的时代步调不一。在严刑拷打

第十六章 大　全

之下，罗贝尔背叛了"他最爱的那些人"——艾潘妮和查尔斯——而非那些真实的抵抗运动的成员。而艾潘妮和查尔斯——二人都是"堕落"放荡之辈，因此是有罪的——反而与抵抗活动毫无瓜葛。这最终的背叛是罗贝尔最后的、最大的罪行。

1950年5月，午夜出版社以巴塔耶的真名出版了这本书。这是他第一本署了真名的小说，于是立即在《法兰西文艺报》（*Les Lettres Françaises*）遭到了猛烈批判。[1] 批判的内容本身就是误认导致的结果。《法兰西文艺报》的评论者——她的文章署名为"皮克女爵"——相信巴塔耶的书虽是虚构的人物传记小说，但却是有关一个真实的神父，他的确背叛了修道院中进行抵抗的成员。但这个评论者未能认真阅读这部小说：罗贝尔只是背叛了他所爱的人，并非背叛任何从事抵抗活动的成员。午夜出版社要求撤回这篇评论文章，但遭到《法兰西文艺报》的回绝，于是林顿向他们提起诉讼。午夜出版社最终胜诉，《法兰西文艺报》于12月声明撤回此文。经过这番风波之后，巴塔耶在卡庞特拉愈发感到不自在。

所幸的是，勒内·夏尔住在离他很近的地方——就在索

---

[1]　参见"La Trahison en liberté", *Les Lettres françaises*, 317 (22 June 1950)。

格岛的外面——他和巴塔耶时常能够见面。夏尔此时已疏远了那些超现实主义者,在兰波和赫拉克利特的影响下形成了神秘的格言式文体。他与几家文学刊物都有往来,其中一家是位于罗马的国际刊物《黑暗研讨会》(*Botteghe Oscure*),主编是巴夏诺拉蒂纳的玛格瑞公主。在之后几年中,巴塔耶为此刊物撰写了几篇重要的文章和诗歌。如同之前的《第三护航》,《黑暗研讨会》在《批评》杂志之外为巴塔耶提供了一个发表非评论类文章的渠道。

1950年,夏尔在《安倍道克尔》(*Empédocle*)发表了一封公开信,向他的"反对者和支持者"提出一个问题,即是否真的存在"互不相容"——也就是那些人们活动或关注的领域,彼此之间无法调和。作为回应,巴塔耶于5月在《黑暗研讨会》也发表了一封公开信。巴塔耶称此信的对象是他"亲爱的朋友",而且言辞亲密和善,不仅证明他与夏尔友情的分量,也证明了所有友谊对他的重要性。"我用的词是我们,但我想到的是你,是我自己,是那些与我们相似的人。"[1] 这封信给巴塔耶又提供了一个机会,能够将自己的思想区别于萨特和超现实主义者,与夏尔和布朗肖等

---

[1] *OC* 11, 18; 'Letter to René Char on the Incompatibilities of the Writer', in Allan Stoekl, ed., *On Bataille, Yale French Studies*, 78 (1990), p.33.

第十六章 大 全

作家形成了新的交往圈。"对我们而言,文学实际上是我们优先考虑的事情,没有任何东西比书——我们读的或写的书——更重要,除了这些书所冒的风险。"[1] "你知道我如同远离希望一样远离沮丧。我只是选择了活下去。那些偏激易怒、性格鲁莽的人轻视生活的乐趣,我对此总是感到不可思议。"[2]

1950年3月29日,巴塔耶假借伽利玛出版社编辑的名义给格诺写信,建议集结再版他在伽利玛最早出版的三本书,整个丛书的题名为《无神学大全》(*La Somme athéologique*)。这三本书分别作为《无神学大全》中的一卷,此外还要补充论文和短评。《内在体验》就与《思维方法》以及其他有关无神学的研究成果合为一卷。《有罪》被重新更名为《友谊》(*Friendship*),加上《哈利路亚:狄亚努斯的教义问答》以及一个秘密社团(无疑就是阿塞法勒)历史的内容合为一卷。《论尼采》与《备忘录》以及一些文章合成一卷,并更名为《广岛的尼采世界》(*The Nietzschean World of Hiroshima*)。第

---

[1] *OC* 11, 22; 'Letter to René Char on the Incompatibilities of the Writer', p.37.

[2] *OC* 11, 17; 'Letter to René Char on the Incompatibilities of the Writer', p.32.

四卷的文章主要选自《批评》,计划以《邪恶的神圣性》(*The Sanctity of Evil*)为题出版;这一卷的选目中包含的几篇文章,日后被巴塔耶收入《文学与罪恶》(*Literature and Evil*)结集出版。

在书信的背面,他以提纲的形式呈现了这一出版计划,有些题名略有改动:第一卷为《主权时刻》(*The Sovereign Moment*);第二卷为《友谊》;第三卷为《尼采之死》(*The Death of Nietzsche*)。接下来的十年中,这个全集出版计划——丛书名是对托马斯·阿奎那的论著《神学大全》(*Summa theologica*)的戏仿——只存在于编辑的臆想之中,而巴塔耶则将自己有关神学和经验的格言和论文都汇集于此。《被诅咒的共享意识》是对经济学、宗教、色情和政治等领域的耗费所进行的系统研究,而《无神学大全》则以非正式的方式记录经验,研究经验的效果。

伽利玛出版社接受了该方案,于是巴塔耶开始为第一卷编辑和撰写新的材料。在此过程中,巴塔耶又为每卷重新列出了新的内容提纲,集结了文章和讲座,无论这些是否已落笔成文。在之后的八年里,他反复对《无神学大全》做出调整——开始建议出版三卷,后改为四卷,甚至五卷:《死于笑声》(*Dying of Laughter*)、《临死笑声》(*Laughing at Death*)、《嘲笑死亡》(*Laughing at Death*)、《纯粹快乐》(*Pure Happiness*)、《非知识的未尽系统》(*The Unfinished System of Nonknowledge*)。每次提出新的提纲后,编辑体验着《无神学大全》变得难以把握,从手中滑脱;而这正是其中的快乐。[1]

《被诅咒的共享意识》的第二卷——此时名为《色情史》(*The History of Eroticism*)——也在1950年开始成形。与《被诅咒的共享意识》一样,巴塔耶也是从自己发表于《批评》及其他刊物的文章中为该书收集材料。至此,这本书已经历了很长时间的酝酿。自20世纪20年代后期以来,巴塔耶有关神话人类学的写作就将萨德这个名字与色情耗费的逆逻辑诠释联系在一起。20世纪30年代后期,巴塔耶与萨德研究者莫里斯·海涅成为好友,这促使他对于色情现象学进行了详细阐述。如我们所见,他在十年之后开始规划研究萨德的论文集——以及有关萨德的文学——题名分别为《萨德与色情的本质》《萨德和性反抗》(*Sade and Sexual Rebellion*)以及后来的《从性痛苦到广岛的灾难》。广岛在此题名中——如同它在《广岛的尼采世界》——代指大规模的耗费,在此

---

[1] 有关这个过程的详细讨论,参见《非知识的未尽系统》的前言。

1961年的巴塔耶。

人类的生命以之前无法想象的数字被浪费。这一想法是与色情联系在一起的；对巴塔耶而言，色情可被定义为接受生命甚至到了死亡的地步。

可见，《色情史》虽是巴塔耶长期思考的结果，但在很大程度上也是时代——第二次世界大战、广岛、奥斯威辛集中营以及冷战的核政治——的产物。由此延伸，巴塔耶重新思考了约翰·赫西（John Hersey）对于广岛核爆及其后果的

第十六章 大　全

描述，以及几本有关纳粹死亡集中营、种族主义、斯大林暴政和广义上的战争的书。[1] 简言之，以人为造成的大规模死亡以及核屠杀可能导致的人类灭绝为背景，巴塔耶称赞色情对生命的接受甚至到了死亡的地步。对他而言，色情提供了一种耗费形式，这种形式与资产阶级的财富积累截然相悖，也迥异于战争这一历史所证明的人类唯一的财富耗费渠道。"如果我们不将耗费作为人类行为的最高原则，"他写道，"我们就会别无选择，必然堕入这些可怕的混乱无序之中，否则我们就不知道如何消耗自己拥有的能量。"[2]

巴塔耶明确区分了色情与性欲，后者是实用主义的，机械地以生殖为目的。而色情是一种耗费，也许是最为直接的耗费形式。除了直接表达欲望之外，它没有别的目的。巴塔

---

[1]　参见"A propos de récits d'habitants d'Hiroshima", *Critique*, 8—9 (Juanuary-February 1947), pp.126—140 [*OC* 11, 172—188]; "Sartre", *Critique*, 12 (May 1947), pp.471—473 [*OC* 11, 226—228]; "Réflexions sur le bourreau et la viictime", *Critique*, 17 (October 1947), pp.337—342 [*OC* 11, 262—268]; "Caprice et machinerie d'État à Stalingrad", *Critique*, 36 (May 1949), pp.447—454 [*OC* 11, 472—480]; "La guerre et la philosophie du sacré", *Critique*, 45 (February 1951), pp.133—143 [*OC* 12, 47—57]; "La Civilization et la guerre", *Critique*, 47 (April 1951), pp.363—367 [*OC* 12, 74—78] 以及 "Racisme", *Critique*, 48 (May 1951), pp.460—463 [*OC* 12, 95—100]。

[2]　*OC* 8, 11; *The Accursed Share II & III* 16.

耶对欲望的理解混淆了黑格尔和萨德,即黑格尔通过认可所追求的身份与萨德的兽性与冷漠之间的相互作用。对黑格尔来说,人的意识会发挥作用,渴望获得认可,而萨德的浪荡者放纵自己的兽欲,同时又对这些欲望无动于衷。萨德的自主性质疑自己的兽性,也质疑自己的人性。黑格尔式的英雄通过奴役别人而控制自己,而萨德的自主性在欲望的盛宴中牺牲自己和别人。[1]作为对兽性及其他的质疑,色情提出了人类打破彼此孤立状态以及摆脱孤立于世界的自然连续体的方法。

色情是进行此类研究的优先领域,因为这是欲望的优先领域。色情的历史所提出的就是欲望的历史,因此对巴塔耶而言就是人类精神生活的历史。《被诅咒的共享意识》的第一卷《耗费》从经济和宗教视角呈现了耗费的历史,而第二卷《色情史》则从人类精神生活的角度展现了耗费的历史。这是关于内在体验的历史,是不可或缺的历史。人类已经切断了与自己的精神生活和欲望的联系,不仅是通过压抑性的否定,而且通过容易满足的心理(这既不能被认可,也缺乏

---

[1]　正如萨德的典型至尊者——朱斯蒂娜的妹妹朱莉埃特——是女性,巴塔耶小说中典型的至尊者也都是女性:西蒙娜、多蒂、爱华妲、埃莱娜。

第十六章 大 全

有意识的自我牺牲)。《色情史》提出了解决之道：主张仔细描述那些不为意识所感知的行为。

为此目的,《色情史》的初稿沿用了巴塔耶1948年的《宗教史大纲》("Outline of a History of Religions")中所用的抽象的哲学方法,[1]但他并不满意。初稿的几个部分一直未能完成，它们不仅是文章片段，也是他大量笔记所准备的论著之片段。1951年5月，他将书稿交给了午夜出版社的林顿，林顿觉得稿子还很粗糙，尚不宜出版。[2]巴塔耶还写出了《自主权》(Sovereignty)系列丛书中更具鲜明政治性的第三卷书稿——至少以初稿的形式，完成了他的写作计划，之后又最终修改完成了《色情史》。

1951年1月，在忙于撰写《色情史》期间，巴塔耶和黛安娜在南蒂阿成婚。他们的朋友科斯塔夫妇就住在此地。有关结婚一事，他在《色情史》中如此写道：

> 习惯未必不利于性行为的强度，反而有利于和谐，有利于私下理解对方，否则相互的拥抱就很肤浅。习

---

[1]　*OC* 7, 406—442.

[2]　参见 *Lettres* 471。

惯甚至有时可能具有深入探讨的价值，这与误解截然不同，误解将连续不断的变化化作不断出现的沮丧生活。[1]

7月，巴塔耶终于得以调任，被任命为奥尔良市立图书馆馆长。他和黛安娜、朱莉此时搬来此地，正好可以在9月接任新的职务。他们住在迪庞卢大街1号的公寓里，紧邻图书馆及其花园，旁边就是高耸的奥尔良教堂。这幢建筑曾是大主教的宫殿。巴塔耶的办公室就对着花园，是一个非常适宜写作的地方。奥尔良离巴黎很近，巴塔耶可以按照自己的习惯前去做讲座，同时也便于米歇尔·莱里斯和泽特·莱里斯夫妇等好友经常来此相见。如果来访者是男性，他会带着他们一同去逛奥尔良当地的妓院。简单地说，他在这里某种程度上延续了巴黎的生活方式，他和黛安娜都比在卡庞特拉时快乐了很多。

由于离巴黎很近，巴塔耶能够参与那里最新的思想论战：围绕阿尔贝·加缪的《反抗者》(*The Rebel*)出现的争论。加缪在书中言辞犀利却又实事求是地批判了斯大林主义和超现实主义等思潮；不出所料，这遭到了媒体的攻击，尤其是

---

[1] *OC* 8, 110; *The Accursed Share II & III* 127.

第十六章 大 全

弗朗西斯·让松（Francis Jeanson）在《现代》杂志上发起的抨击。之后一年中，巴塔耶在《批评》发表了一系列文章，奋起捍卫加缪和超现实主义者。[1] 在之前四年中发表的有关加缪作品的评论基础之上，巴塔耶撰写了这些文章，不仅将加缪、萨特和布勒东，而且将巴塔耶自己的思想定位于自主权耗费的至关重要性之上。

他还在一些非评论性文章中——如《自主权》(*The Sovereign*)[2]——探讨这一思想；1951年1月至1953年2月，他还在让·瓦尔的巴黎哲学学院作了一系列讲座。后来，他有意将这些讲座稿结集出版，题名为"论非知识的讲座"。[3] 每一场讲座——《非知识的后果》("The Consequences of Nonknowledge")、《死亡学说》("The Teaching of Death")、《非知识与反叛》("Nonknowledge and Rebellion")、《非知识、笑声和眼泪》("Nonknowledge, Laughter, and Tears")——

---

[1] 参见 "Le Temps de la révolte", *Critique*, 55 (December 1951), pp.1019—1027 和 56 (January 1952), pp.29—41 [*OC* 12, 149—156] 以及 "L'Affaire de 'L'Homme révolte'" *Critique*, 62 (July 1952), pp.1077 1082 [*OC* 12, 230 236]。

[2] *Botteghe Oscure*, 9 (1952), pp.23—38; OC 12, 195—208; *The Unfinished System of Nonknowledge* 185—195.

[3] 参见 *Tel Quel*, 10 (Summer 1962); OC 8, 190—233; *The Unfinished System of Nonknowledge* 111—150。

分别论述自主权问题(也是内在体验)的一个重要方面。巴塔耶利用巴黎哲学学院犹如十年前战争期间利用苏格拉底学院一样。所有这些文章和讲座——以及大量笔记——都是为《内在体验》修订本所做的准备,这个修订本又是《无神学大全》的第一卷。[1]

1953年2月,也就是他做完非知识专题最后一场讲座的那个月,他为《内在体验》撰写了后记,并决定放弃原先的计划,即不再将"无神学研究"的选文收入《无神学大全》的这一卷中。他此时发现这些文章和讲座可以构成全集中全新的一卷,于是欣然将《思维方法》原封不动地收入第一本书的修订本中,此外还有那篇后记。

在后记中,他根据自己的理解,清晰地总结了自己对于思想史的贡献:

> 在我们人类的生活中,发现了"话语真实性的消失"所产生的结果,从对这些结果的描述中引出了无意义之光:光线也许如此炫目,但它宣告了黑夜的晦暗不明;宣告了黑夜本身。[2]

---

[1] 参见 *OC* 8, 563—592; *The Unfinished System of Nonknowledge* 153—182.
[2] *OC* 5, 231; *The Unfinished System of Nonknowledge* 206.

第十六章 大　全

加布里埃尔·马塞尔曾批评《内在体验》是一部失败的神话之作，巴塔耶这番话可被解读为对此批评的反唇相讥。马塞尔指出，巴塔耶未能完全穿越灵魂的黑夜，未能体验到黎明时初升信仰之慰藉。[1] 对巴塔耶而言，话语真实性（即语言）的垮塌——因此还有意识（对巴塔耶而言，如同对黑格尔一样，意识始于语言）——仅仅展现了黑夜本身。语言之外无一物。理解巴塔耶这段自我评价的真实含义，就是理解他的全部著述都是以分析和经验为导向，理解他认识和存在的意愿。在此，话语知识是非知识，存在是统治者——终将死亡的自我的统治者。

在思考这些概念的过程中，巴塔耶思想的领域开始从抽象的哲学转入人类学实证之中。巴塔耶从来就不是哲学家——无论从所受训练还是个人意愿来说——他长期以来一直使用人类学的方法和历史案例作为自己的研究基础。1952年，他又延续了这样的研究重心，转入史前绘画、宗教和文化的研究。该研究将给他的《色情史》带来新的基础。一如既往，他开始了一系列的讲座，并在《批评》等刊物上发表

---

[1]　参见 Gabriel Marcel, "The Refusal of Salvation and the Exaltation of the Man of Absurdity", in *Homo Viator: Introduction to the Metaphysics of Hope*, trans. Emma Craufurd (New York, 1962), pp.185—212。

评论和理论文章。[1]他重点研究拉斯科的洞穴,但研究视野宽广:思考史前时代对于兽性、女性和男性的表征;史前文化中神圣的属性和角色;最重要的是,史前在当代生活中的位置。

1953年春季期间,巴塔耶完成了《内在体验》的修订工作,开始撰写第三卷《被诅咒的共享意识,自主权》(*The Accursed Share, Sovereignty*)。与前两卷如出一辙,他开始重新编辑发表在《批评》上的文章;当初写这些文章时,他的目标是一本有关阿贝尔·加缪、尼采和共产主义的论著。[2]之后在1953年夏天,他撰写了新的文章,并发表于《批评》。[3]到了第二年1月,他几乎已经完成了《自主权》和《色情史》的初稿,至少他在写给午夜出版社的信中是这样说的。

《被诅咒的共享意识》讨论的是耗费的经济和宗教形式,《色情史》叙述的是人类欲望的精神生活史,而《自主权》

---

[1] 参见 Georges Bataille, *The Cradle of Humanity: Prehistoric Art and Culture*, ed. Stuart Kendall, (New York, 2005)。

[2] "Kafka devant la critique communiste", *Critique*, 41 (October 1950); "Nietzsche et Jésus selon Gide et Jaspers", *Critique*, 42 (November 1950); "Nietzsche à la lumière du marxisme", *84*, 17 (January-February 1951) 和 "Nietzsche et Thomas Mann", *Synthèses*, 60 (May 1951)。

[3] "Le paradoxe de la mort et la pyramide", *Critique*, 74 (July 1953); "Le communisme et la stalinisme", *Critique*, 72—73 (May-June 1953).

第十六章 大 全

则专注于终将死亡的自我的政治。《自主权》回溯了从封建时代到资产阶级的兴起,直至当下的自主权历史,并将自主权当代形式的论述定位于两极之间,即尼采和共产主义之间。根据巴塔耶的设想,"在基本生活需要有保障的情况下,当生活的可能性无限展开时,自主性生活也就开始了……超越实用性的生活就是自主性的领地。"[1] 这个有关自主性的描述与政治国家的稳定权力并无关联,而描述了君主耗费一切的生活。

> 作为主体代表的君主,就是这一时刻(神奇的时刻)因他以及为他而成为海洋的君主。劳动的流水进入海洋后就无影无踪了。君主如节日般为自己,同样也为别人花费所有人的劳动积累起来的一切。[2]

资产阶级革命是一场否定自主权的革命。在资产阶级统治下,耗费隐藏于紧闭的大门之后。大众不再能够享受过去财富的盛况。共产主义革命坚持人人平等以及生产手段的过

---

[1] *OC* 8, 248; *The Accursed Share II & III* 198.
[2] *OC* 8, 286; *The Accursed Share II & III* 241.

度理性化，从此所有的耗费都是国家认可的生产性耗费，自主性由此更趋没落。巴塔耶以他尼采式的耗费道德论反抗这一共产主义的观念；在巴塔耶的道德论中，自主性只有作为终将死亡的自我才能伸张自己的权利。

早在二十年前，这些思想就在《社会批评》首次进行了探讨，现在由于经验的积累而有所深化，由于时间的磨洗而更趋成熟。《自主性》一书结构复杂，内容突兀，而且和巴塔耶的大量著述一样未能完成。巴塔耶并未选择对初稿进行改写，而是最终将其分成几部分，并在之后几年中分别发表于《黑暗研讨会》《新书世界》(*Monde Nouveau-Paru*)以及《文学与罪恶》等刊物。这种思想与文学的放逐以及残缺的实践无疑契合了巴塔耶一贯的思想。"很久以前，我就决定，"他以矛盾的笔触写道，"放弃像别人那样寻求知识，而去寻求其反面，即非知识。我早已不再奢望我的努力获得回报的那一刻的到来，不再奢望我最后会知道——而实际上是我不再知道的那一刻——我最初的期望何时会化为泡影。"[1]

---

[1]　*OC* 8, 258; *The Accursed Share II & III* 208.

第十七章　未尽之作

1953年12月，巴塔耶开始患上了严重的病症；在之后九年里，这些病症慢慢夺去了他的生命：脑动脉硬化，即大脑动脉变粗、变硬。症状包括头痛、脸部疼痛以及视力下降；病症会导致血管性痴呆、动脉血管瘤和中风等，使人丧失行动能力，最终致人死亡。血管性痴呆的症状是毫无征兆地患上轻度中风，然后慢慢对神经细胞造成伤害。接下来会出现冷漠、抑郁、敏感、短暂的糊涂和易怒等症状；到了最严重的阶段，突然丧失意识以及无法控制身体成为常见现象。之后几年，巴塔耶逐渐无法集中精力。期间，他数次住院，向静脉注入肝素进行治疗，但没有效果。根据米歇尔·叙丽娅的说法，巴塔耶老朋友泰奥多尔·弗伦克尔医生曾向黛安娜解释过巴塔耶的病情，但没有告诉巴塔耶（他虽受病痛折磨，但并不了解自己的病情）。[1] 一个最为敏锐的

---

[1] Michel Surya, *Georges Bataille* (London, 2002) 474.

思想家却遭受了大脑僵化的折磨。

1954年1月，伽利玛出版社收入了《思维方法》和"1953年的后记"后再版了《内在体验》，将其作为《无神学大全》的第一卷。7月，罗杰·格勒尼埃在他的广播节目"文学生活"上就这本书采访了巴塔耶。除此之外，这本历时十一年写成的书刚出版时并未引来多少关注。

还是在1月，巴塔耶写信给午夜出版社的哲罗姆·林顿，告诉这位出版商他几乎已经完成了《色情史》和《自主权》的书稿。但实际上两本书都远未完稿。《色情史》于1956年完全被重新改写，改头换面；而《自主权》也只出版了其中的一些片段。在巴塔耶的著述中，并非仅有这两本书遭到冷遇。在巴塔耶所有的作品中，超过四分之一笔记和书稿未能发表。还有更大一部分作品仅仅发表在了一些短命的刊物上，从未以更为持久的形式重新整理出版。很多巴塔耶已经出版的书——从《眼睛的故事》到《内在体验》和《被诅咒的共享意识》——后来都做了大幅修改，或被重新编辑，被编入了从未出版问世的丛书系列之中。如果想要欣赏他的著述，我们就要修正自己对于创造性行为的理解：他并不书写杰作，却反其道而行之。如我们所见，思想会腐朽。

1954年春天，巴塔耶与瑞士出版商艾伯特·斯基拉一同

第十七章　未尽之作

参观了拉斯科的洞穴岩画。二人自巴塔耶主编《文献》杂志时结识，当时斯基拉邀请巴塔耶和马松创办一份刊物，就是后来的《牛头怪》杂志。此时，巴塔耶说服了斯基拉出版一本有关史前艺术的书，作为斯基拉新近推出的系列丛书"绘画的伟大世纪"（"The Great Centuries of Painting"）中的第一卷。巴塔耶的书几乎完全聚焦于拉斯科，此地当时被誉为史前世界的"西斯廷教堂"。1940 年 9 月，拉斯科被发现，它坐落于蒙蒂尼亚克小镇，距离奥尔良很近，巴塔耶在写书期间和黛安娜驾车来岩洞参观，极为频繁，近乎偏执。

1955 年 4 月，这本书完成后被称作《拉斯科，或艺术的诞生》（*Lascaux, or the Birth of Art*）。书中，巴塔耶认为自己所做的并非史前学家、考古学家或人类学家的工作。相反，他一如既往地依赖其他人的思想，如步日耶（Breuil）神父和约翰尼斯·马林格（Johannes Maringer）等专家。巴塔耶意在一个更大的对话性框架中激活他们的思想，并用作他本人及读者经验的载体。例如在《厄洛斯的泪水》中，他回顾了《拉斯科，或艺术的诞生》一书，承认"我禁止自己对于岩洞中令人吃惊的景象做出我个人的解释"。[1] 这种自我否

---

[1] *OC* 10, 588; *The Tears of Eros* 36.

定和拒绝诠释的行为就是非知识的方法。

自20世纪20年代以来,史前时代一直吸引着巴塔耶:他将相关的文章与图片刊登于《文献》。对他而言,拉斯科以及一般意义上的史前艺术从这些画作的非实用性证明了明确的人类意识的诞生。而且,史前的图像和雕像在其迥异的写实性和拟像性运用及其视觉双关中——如被塑造成阴茎状的女性人体小雕像——常常是没有固定形态的。这些史前的表征形象还展现了神圣之物——无论他们是否在史前宗教中扮演某种角色——因为他们展现了人类与世界之间、人与动物之间、人与他们从事绘画的岩洞物质空间之间的对立关系。此例,神圣被表现为自然的连续体中异质性的爆发。史前时代另一吸引巴塔耶之处在于这是一个文化相对具有同一性因而具有普世性的时代,至少他是这样想象的。与对史前时代的研究截然不同,巴塔耶同时通过对爱德华·马奈画作的研究撰写了一部有关现代性的研究论著。《拉斯科,或艺术的诞生》出版后仅数月,斯基拉又将此书出版,仍旧以法文和英文两个版本发行,并纳入"我们时代的旨趣"("The Taste of Our Time")这套丛书之中。巴塔耶对马奈画作的兴趣可追溯至20世纪20年代晚期,当时他从国家图书馆借了几本有关这位画家的书。他的堂妹玛丽-路易斯·巴塔耶

第十七章 未尽之作

当时正在写一本有关马奈的书,这本她与乔治·维尔登施泰因(Georges Wildenstein)以及保罗·雅莫(Paul Jamot)合著的书成为巴塔耶自己撰写这位画家的论著时的重要参考。安德烈·马尔罗于1951年出版的长篇艺术史幻想之作《沉默的声音》(*The Voices of Silence*)提供了另一重要参考文献和参照对象。[1] 但是,巴塔耶的书在很大程度上是别出心裁之作。类似于《拉斯科,或艺术的诞生》,此书无意增加我们有关马奈作品的知识:相反,它的目的在于将马奈的作品明确置于一个再现的新时代的开端,并通过马奈描述这个时代——即现代——的特性。这是一本有关马奈的书,也同样是一本有关现代性的书。

在巴塔耶看来,当马奈驱除了绘画中的主题时,这个再现的新时代就开始了。当马奈剥夺了作品的内容时,艺术就成为作品的主题。从巴塔耶的理解而言,人们欣赏马奈在帆布上的作品,并不是为了看其中的情绪、张力或跃动的色彩,遑论叙述或符号了。马奈的作品丧失了对细节的高度关注,他们无意去观察画作本身之外的东西。马奈的作品使观

---

[1] 具体见于 André Malraux, *The Voices of Silence* (Princeton, 1978), pp.99ff。

者丧失了古典时代的视觉结构和内容,令他们大为震惊。马奈取代了日常与世俗——甚至使其丧失超验性。马奈最好的作品以彻底的——完全沉默的——冷漠,捕捉到了某种本质的空洞、意义的空无。对巴塔耶来说,马奈的作品摧毁了再现的修辞。[1]

从奥林匹亚的凝视中可以看到马奈那致命的冷漠。对于巴塔耶的读者而言,这使他们想起了爱华妲夫人的冷淡,想起萨德笔下放荡者的漠然。

> 在令人想入非非的逼真肉体中,她一无所是。她真正的裸体(不仅是她的身体)是从她的身体散发出的沉默,如同来自一艘沉船的沉默。我们所感受到的是她在场时的"神圣恐怖"——这种在场唯——目了然之处就是其不在场。[2]

马奈破坏了再现的修辞,这使人想起巴塔耶自己也试图破坏语法,言说沉默。

---

[1] *OC* 9, 130; *Manet* 49.
[2] *OC* 9, 142; *Manet* 67.

第十七章　未尽之作

尽管马奈在巴塔耶一长串有关视觉艺术的研究对象中——从史前到达·芬奇、戈雅、梵·高、超现实主义者以及最重要的安德烈·布勒东——占有一席之地，但巴塔耶的《马奈》（*Manet*）可以被解读为一本隐藏了他自己的动机和意图的人物传记。可以看出，即便对马奈的描述也折射了巴塔耶本人：他"脆弱、易怒、冲动……冷漠且孤傲……但在内心力量的驱使下一刻不得安宁"；[1] 或者"反复无常、犹豫不决，总是岌岌可危，为疑惑所折磨……与宁静淡泊相去甚远……基本处于捉摸不定、战栗颤抖的状态。"[2] 这番评价当然是非常荒唐的，但我们应该考虑到巴塔耶是《论尼采》的作者，这本书在一种身份的无限嬉戏中混杂了作者和对象。

在撰写《马奈》之前及之后，巴塔耶投入大量精力将《爱华妲夫人》修改成新的版本。奥斯珺·温豪斯（Austryn Wainhouse）为奥林匹亚出版社翻译了原版本，译文标题为《天堂门口的赤裸野兽》（*The Naked Beast at Heaven's Gate*）；让-雅克·波维尔（Jean-Jacques Pauvert）同意出版

---

[1]　*OC* 9, 119; *Manet 24*.
[2]　*OC* 9, 159; *Manet 110*.

新的法文版，并增加一篇巴塔耶署了真名的序言。巴塔耶对《爱华妲夫人》作了大幅改写，决定扩充这个故事，其中包括为该书的"作者"皮埃尔·安热莉克写一个更为完整的自传。新书完成后将被收入《神圣的上帝》（*Divinus Deus*）这套丛书，但巴塔耶未能写完。《我的母亲，昂热维尔的夏洛特》（*My Mother, Charlotte D'Ingerville*）和《圣徒》（*Saint*）也被列入了丛书，但巴塔耶都未能完稿。

《我的母亲，昂热维尔的夏洛特》是这些书稿中相对较为完整的一部。这本书有关皮埃尔·安热莉克在青春期的性觉醒，并得到他母亲埃莱娜的积极鼓励。故事开头，皮埃尔认为行为放荡的父亲是个危险的人，给单纯的母亲带来了巨大的痛苦。但父亲很快就死了，皮埃尔不久就得知实际上是母亲导致了父亲的死亡。在此身份——既是神圣的，又是淫邪的——的游戏中，皮埃尔的害怕和同情便从母亲滑向了父亲——这是巴塔耶叙事的惯用手法。每个人物都突破了自己的身份，逆转了任何固定的角色。埃莱娜颠覆了一个理想的保护儿子免受伤害的良母形象；在她的策划下，皮埃尔开始了放荡的生活，她为他物色了女伴雷亚和汉希。而最后那次乱伦和致命的——对她而言——拥抱，使他们的情人关系定格在罪恶之中。在写作这些故事，改写《爱华妲夫人》以及

第十七章 未尽之作

为该书写序的同时,巴塔耶还在忙于《色情史》的新版本,此时书名已精简为《色情》,还在撰写有关色情和色情文学的文章,以及有关波利娜·雷阿热(Pauline Réage)的《O的故事》(*Story of O*)、皮埃尔·克罗索斯基的小说以及萨德等的评论。[1]

1956年11月,迪奥尼·马斯科洛、罗贝尔·安泰尔姆、玛格丽特·杜拉斯、埃德加·莫兰(Edgar Morin)和路易-勒内·德·弗雷(Louis-René des Forêts)等组成了一个知识分子委员会,反对法国在阿尔及利亚的殖民战争。大多数创始成员都曾是共产党的成员,但该委员会很快就吸纳了各个派别的法国知识分子,从科克托到克洛德·列维-斯特劳斯都在其列。布勒东、萨特和巴塔耶也都参与其中,并且参加了11月5日在巴黎园艺大厅的集会,呼吁结束战争,结束法国政府施加的所有种族歧视,无论在国内还是在国外。

---

[1] "Sade, 1740—1814", *Critique*, 78 (November 1953), pp.989—996 [*OC* 12, 295—303]; "Hors des limites", *Critique*, 81 (February 1954), pp.99—104 [*OC* 12, 305—311]; "Le paradoxe de l'érotisme", La Nouvelle NRF, 29 (May 1955), pp.834—839 [*OC* 12, 321—325]; "L'érotisme ou la mise en question de l'être", *Les Lettres Nouvelles*, 36 (March 1956), pp.321—330 and 37 (April 1956), pp.514—524 [*OC* 12, 395—413] 和 "L'érotisme, soutien de la morale", *Arts*, 641 (23—29 October 1957), pp.1, 3 [*OC* 12, 467—473]。

1942 年，巴塔耶认识了迪奥尼·马斯科洛——他娶了玛格丽特·杜拉斯——当时他们在伽利玛出版社初次见到对方，马斯科洛在这里负责海外版权的谈判。1953 年，巴塔耶读了马斯科洛的书《共产主义》(*Le Communisme*)，以谦卑的口吻给作者写信，表达深深的仰慕之情，二人从此成为挚友。[1] 20 世纪 50 年代，马斯科洛、科斯塔·阿克斯勒（Kostas Axelos）以及他们周围那些《辩论》(*Arguments*) 杂志的流亡马克思主义者都是巴塔耶的好友，这使他重新参与到政治"活动"中来。自从 1936 年反攻运动失败后，他一直远离政治。

有几个因素共同导致了巴塔耶并未如从前那样过度卷入新一代的激进政治。首先，他住在奥尔良，而非巴黎，这造成了一定的困难。但更严重的是逐渐加重的病痛折磨。到 1956 年后期，他已经病得很重，无法正常外出，甚至连动笔写作的精力都没有了。另一原因是他的情绪非常低落，不仅因为健康，也是因为当时世界的现状。在《自主权》中，他宣称这个世界需要一种思想，使其不至于在恐怖面前畏缩不前。到 20 世纪 50 年代后期，巴塔耶已经无法以自己的思想

---

[1] 参见 *Lettres* 446—448。

第十七章 未尽之作

来解释这个恐怖的世界了。在他看来,冷战将世界变成了一个巨大的核火药桶,最终只能导致核灾难的爆发。在处于极度抑郁的状态时,他如此解释未能出席某场会议的原因:

> 无论如何,我对于离群索居一贯是很反对的。我身体的疲倦以及精神的沮丧就说明了这一点。而且,我越来越多地思考人与人之间的差别,他们之间的差别要比相似更为真实,这一点我又怎么能忘记呢?[1]

一个月后,即1956年11月,让-雅克·波维尔因出版萨德的作品而被告上法庭。巴塔耶——连同安德烈·布勒东、让·科克托等人——挺身而出,为波维尔和萨德辩护。巴塔耶并不认为萨德是一个普通的作家,为他辩护的理由也不是言论自由。相反,他认为萨德对思想史做出了独特的贡献。他说阅读萨德犹如落入恐怖的深渊之中,一个可怕的犯罪世界,在那里人类从思考死亡和痛苦中获得快乐。萨德为我们提供了一份档案,展示了人类为何要拒绝理性。"对于想体验何以为人之根本意义的人,阅读萨德不仅是值得推荐

---

[1] *Lettres* 467.

的，更是绝对必要的。"[1] 在庭审过程中，巴塔耶不仅作为作家和波维尔的朋友说话，而且——如他对法官所说——以图书馆馆长的身份（他建议对萨德作品的流通采取限制措施），还令人吃惊地以"哲学家"的身份。这在巴塔耶漫长的公共生活中，也许是唯一一次不加说明地用这个词来描述自己。但应该注意到，他作为哲学家辩护的萨德侯爵也并不是一个闭门玄想的作家。

巴塔耶此时也正在进行比较传统的哲学研究。20 世纪 50 年代中期，在研究拉斯科和马奈的同时，巴塔耶就黑格尔以及通史（universal history）概念撰写了一系列文章。[2] 这是巴塔耶由来已久的兴趣，可追溯到 20 世纪 20 年代末和 30 年代初，他曾考虑为此创办一份刊物。当时，他试图引起雷蒙·格诺的兴趣并获得他的支持，但未能成功。二十年后的此时，他再次进入相同的领域，这次是单枪匹马。巴塔耶的

---

[1] *OC* 12, 455.

[2] 参见"Hemingway à la lumière de Hegel", *Critique*, 70 (March 1953), pp.195—210 [*OC* 12, 243—258]; "Hegel, la mort et le sacrifice", *Deucalion*, 5 (October 1955), pp.21—23 [*OC* 12, 326—347]; "Hegel, l'homme et l'histoire", *Monde Nouveau-Paru*, 96 (Junuary 1956), pp.21—23 和 97 (February 1956), pp.1—14 [*OC* 12, 349—369]; "Qu'est-ce que l'histoire unverselle?", *Critique*, 111—112 (August-September 1956), pp.748—768 [*OC* 12, 414—436]。

第十七章 未尽之作

论著涉及史前时代（拉斯科）和现代性（马奈）以及宗教、经济和色情的历史，甚至他坚持主张《批评》应如同百科全书一样包罗万象，这些都可被解读为他描绘一部通史的尝试。在笔记中，他给这部规划的著作暂定了书名——《海上的瓶子，或通史，从起源到最后灾难前的一天》（*The Bottle at Sea, or Universal History, from Origins to the Day before the Eventual Disaster*）。[1] 不出所料，这本书同样未能写完。写成一部通史——人类文明的全球百科史——几乎是不可想象的。对于一个走向自己想象力边界的思想家而言，这样一部异想天开之作具有不可抗拒的吸引力。

1957年1月，巴塔耶通过迪奥尼·马斯科洛向伽利玛出版社提交了一本批评文集的书稿。罗贝尔·伽利玛接受了这本名为《文学与罪恶》的书稿，虽然其中的所有文章都已发表——大多数发表于《批评》，写于1946年到1952年。这本书是巴塔耶至少推敲了十年之久的文集的终稿，《邪恶的神圣性》是众多题名中用得最久的一个。在有关波德莱尔、勃朗特（Brontë）、布莱克、米舍莱（Michelet）、普鲁斯特、萨德和吉尼特（Genet）文章最后还加上了一篇论卡夫

---

[1] 参见 *OC* 12, 642—645。

卡的文章，同样这篇文章他还用作《自主性》书稿的最后一个章节。

伽利玛出版《文学与罪恶》仅几个月之后，午夜出版社出版了《色情》，而让-雅克·波维尔也出版了《正午的蓝色》。后两本书都在之前整整一年中作了大幅修改。在《正午的蓝色》完稿二十年之后，巴塔耶终于决定出版。对此，他只是说尊重朋友们的判断。1957年10月4日，三大出版商——伽利玛、午夜和波维尔——在皇家桥的酒吧为巴塔耶举办了宴会。从这场活动的照片上可以看到一位穿着优雅的男士，沉浸在超凡脱俗的宁静之中。巴塔耶时年六十岁。

在随后的几个月中，巴塔耶也以其他方式受到追捧。12月，玛格丽特·杜拉斯代表《法兰西观察报》(*France-Observateur*) 采访了他；5月，皮埃尔·杜马耶 (Pierre Dumayet) 在《大众讲坛》这个电视节目上采访了他。1958年春，首次出现了专门讨论他作品的杂志——《毒草》(*La Ciguë*)——特刊，撰稿人有夏尔、杜拉斯、福特里耶、莱里斯、让·瓦尔等。巴塔耶的作品不仅被同辈人认可，也为新一代作家和知识分子所认可。而正是此时，巴塔耶已病得很重，日渐憔悴。

第十七章 未尽之作

1957年夏天，莫里斯·吉罗迪亚——《批评》最初的出版商，此时因他的奥林匹亚出版社推出的旅行者伴侣系列色情小说而闻名——邀请巴塔耶主编另一份刊物，专门讨论色情，且配以大量插图。这个办刊计划使人想起了巴塔耶曾于1929年与帕斯卡尔·皮亚共同计划创办的《色情年鉴》。巴塔耶接受了这个新任务，并招募了帕特里克·沃登伯格担任执行编辑，摄影师罗杰·帕里（Roger Parry）负责协调插图。在之后的一年半中，主要由巴塔耶和沃登伯格为刊物制定了章程，组成了编委会——加斯东·巴什拉是委员之一——并邀约稿件。他们计划将此杂志办成季刊，语言为英文和法文。为了征稿，巴塔耶既向米歇尔·莱里斯、阿尔弗雷德·梅特罗、帕斯卡尔·皮亚和勒内·莱博维兹等老朋友，也向曼·雷（Man Ray）、吉尔伯·雷利（Gilbert Lély）和罗贝尔·勒贝尔（Robert Lebel）等新老朋友发出邀约。

这份刊物横跨多个学科，从几个角度讨论问题，有的是美学角度，有的则是科学角度。该刊虽然姗姗来迟，却是与《文献》杂志同样有分量的后来者，从中可以概览巴塔耶一生所关心的论题。刊物副标题为"性学、心理分析、性哲学"，但编委会经过一番思索后想到了更合适的标题：

《起源、僭越、天真、忏悔、人类》(*Genesis, Transgression, Innocence, Confession, The Human Species*)(借用了罗贝尔·安泰尔姆的书名)。但这些题名都无法让所有人满意。在刊物酝酿出版的一年之中,吉罗迪亚主张刊登更多色情图片和内容,但巴塔耶却试图以科学理性的光鲜外表掩盖这些容易招惹是非的部分。当年主编《文献》时,他就采用过这样的策略。两种思路最终无法调和:1958 年 12 月,吉罗迪亚决定不再支持这份刊物。此时,巴塔耶病重,没有吉罗迪亚的帮助,他是无力继续办刊的。于是,他转而将精力和想象力投入别的领域,重新梳理自己有关色情史和通史的思想,并写成一本(也是最后一本)新书《厄洛斯的泪水》。

1958 年,《无神学大全》的出版计划遭弃,其中的书稿包括《纯粹的快乐与嬉戏的分享》(*Pure Happiness or the Share of Play*)以及《有罪》的新版本。新版《有罪》加入了一篇简短的序言——最初于 1960 年发表于《法国小说评论》,文章名为"恐惧"("Fear")——还加入了《哈利路亚:狄亚努斯的教义问答》;该书一拖再拖,直到 1961 年才出版问世。《诗歌的仇恨》(*The Hatred of Poetry*)的出版也同样一再拖延,出版时改名为《不可能》(*The Impossible*)。

第十七章 未尽之作

此时，巴塔耶每次只能工作几分钟的时间，他的精力很快就被耗尽。J. M. 诺杜卡作为编辑讲述了他与巴塔耶一同编辑《厄洛斯的泪水》的那些日子：最后，他的注意力已支离破碎，几分钟前写下的东西都会忘掉。为书中的插图写上一段说明文字，再拿到隔壁房间打字，但回来时他就忘记了所写的内容。[1]

1960 年 5 月 10 日，巴塔耶的女儿劳伦斯——时年 30 岁——因代表阿尔及利亚民族解放阵线进行的活动而遭到逮捕。20 世纪 50 年代期间，劳伦斯一直是巴尔蒂斯（Balthus）的模特，在转入激进的政治活动之前曾在戏剧舞台小有成就。她在罗盖特监狱被关了六个星期，巴塔耶于 6 月抱病前往探视。

在此情形下，巴塔耶几乎耗时三年才为皮埃尔·克罗索斯基翻译的中世纪晚期恋童癖者吉尔·德·莱斯的审案卷宗写出前言，这也就不足为奇了。而且，《厄洛斯的泪水》如此倚重插图才能展开论述，也并不令人感到意外。

巴塔耶告诉洛杜卡（Lo Duca），他希望《厄洛斯的泪水》能比之前他出版的任何一本书更为特别，这种特别之处

---

[1] *The Tears of Eros* 3.

很大程度上在于其中的插图。[1]《厄洛斯的泪水》是巴塔耶的临终遗作,总结了他一生中所有的主题和策略。该书论述了欲望从史前时代到当下的历史,因此这是一部再现的历史和神圣的历史。这本书带着我们从洞穴岩画开始,到古希腊时代的酒神节、中世纪的恶魔崇拜、古典时代法国的浪荡子幻想作品,直到20世纪超现实主义中的矫饰主义热潮。这本书将论述的主题框定于非知识的阐释谵妄之中,与黑格尔的《精神现象学》针锋相对:黑格尔所接续的是人类意识的历史,而巴塔耶则沉醉于意识无法捕捉、词语不能描述的东西。

书的最精彩处,巴塔耶将他经常反复使用的阿兹特克人祭祀的画面与1925年点燃了他痛苦想象的凌迟画面作了比较。他在描述凌迟场面时写道:

> 我想知道萨德侯爵看到这个画面会做何感想……1938年,一个朋友带着我开始了瑜伽练习。正是在这个场合中,我在此画面的暴力中看出了无限颠覆的能力。通过这种暴力——即便时至今日,我也描绘不出比之更疯狂、

---

[1]　*The Tears of Eros* 11.

第十七章 未尽之作

更骇人的形象——我目瞪口呆,到了疯狂的地步……我突然间所看见的以及将我囚禁于痛苦之中的——同时又帮我从中摆脱出来的——是这些截然对立之物的身份,神圣的癫狂和它的对立面——极端的恐怖。[1]

随着巴塔耶的病势逐渐沉重,他再也不能从写作中获得持续的收入,预计图书馆馆长的工作也坚持不了多久了。1959年,玛格丽特·杜拉斯将电影《广岛之恋》(*Hiroshima, Mon Amour*)的利润捐赠给了巴塔耶。两年后,即1961年3月,帕特里克·沃登伯格代表巴塔耶在巴黎德鲁奥拍卖行举办了一场捐赠艺术品和手稿的拍卖会。马松、毕加索、贾科梅蒂、福特里耶、米肖(Michaux)、马塔(Matta)、米罗、马克思·恩斯特、汉斯·阿尔普、维克多·布劳纳(Victor Brauner)和伊夫·唐吉(Yves Tanguy)都在捐赠者名单之列。拍卖所得用来购买圣叙尔比斯大街25号的一套公寓,就在教堂所在的那个街区,离巴塔耶曾经在巴黎居住过的那些公寓不远。

第二年2月,巴塔耶申请从奥尔良图书馆调往国家图书

---

[1] *OC* 10 627; *The Tears of Eros* 206.

馆工作。申请获得了批准,他也获得了两个月的病假。3月,他带着黛安娜和朱莉搬入了这套新的公寓,恰好赶上4月《不可能》在巴黎出版。

几个月后的1962年7月,黛安娜带着朱莉去了英国,孤身一人的巴塔耶开始筹划将《眼睛的故事》搬上荧幕。7月7日夜,巴塔耶陷入昏迷,被送往医院,为他治疗的是弗伦克尔医生。9日上午,巴塔耶在短暂恢复意识后还是告别了人世。他临终时的挣扎,无论是快乐还是伤痛,终于都烟消云散了。

韦兹莱的巴塔耶墓。

第十七章 未尽之作

乔治·巴塔耶死后被葬于韦兹莱的墓地，在大教堂之下。他那质朴的墓碑如他的房子一样俯瞰着同一个山谷。黛安娜、让·皮埃尔、雅克·潘帕诺（Jacques Pimpaneau）、米歇尔和泽特·莱里斯参加了巴塔耶简单的葬礼。

部分参考书目

巴塔耶近年法文版作品

Choix de lettres, 1917—1962, ed. Michel Surya (Paris, 1997)

La Sociologie sacrée du monde contemporain (Paris, 2004)

Lettre à René Char (Cognac, 2005)

Oeuvres completes, 12 vols (Paris, 1970—1988)

Romans et Récits, ed. Jean-François Louette (Paris, 2004)

Une Liberté souveraine, ed. Michel Surya (Paris, 2000)

Georges Bataille and Michel Leiris, Échanges et correspondances, ed. Louis Yvert (Paris, 2004)

Georges Bataille et al., *L'Apprenti Sorcier: textes, lettres, documents, 1932—1939*, ed. Marina Galletti (Paris, 1999)

Georges Bataille et al., *Le Collège de Sociologie*, ed. Denis Hollier (Paris, 1995)

巴塔耶近年英文版作品

L'Abbé C. (London, 1983)

The Absence of Myth, ed. Michael Richardson (London, 1994)

The Accursed Share, vol. 1 (New York, 1991)

The Accursed Share, vols. 2 and 3 (New York, 1991)

Blue of Noon (London, 1986)

The College of Sociology, ed. Denis Hollier (Minneapolis, 1988)

The Cradle of Humanity: Prehistoric Art and Culture, ed. Stuart Kendall, (New York, 2005)

Encyclopedia Acephalica, ed., Alastair Brotchie (London, 1995)

Eroticism: Death and Sensuality (San Francisco, 1986)

Guilty (Venice, CA, 1988)

The Impossible (San Francisco, 1991)

Inner Experience (Albany, NY, 1988)

Literature and Evil (London, 1985)

My Mother, Madame Edwarda, The Dead Man (London, 1989)

On Nietzsche (New York, 1992)

Story of the Eye (San Francisco, 1987)

The Tears of Eros (San Francisco, 1989)

Theory of Religion (New York, 1989)

The Trial of Gilles de Rais (Los Angeles, 1991)

The Unfinished System of Nonknowledge, ed. Stuart Kendall (Minneapolis, MN, 2001)

Visions of Excess, ed. Allan Stoekl (Minneapolis, MN, 1985)

刊物（影印版）

La Critique Sociale (Paris, 1983)

Documents (Paris, 1992)

Acéphale (Paris, 1995)

Troisième Convoi (Tours, 1998)

有关乔治·巴塔耶的部分论著

Peter Tracey Connor, *Georgs Bataille and the Mysticism of Sin* (Baltimore, 2000)

Georges Didi-Huberman, *La Ressemblance informe ou le gai savoir visuel selon Georges Bataille* (Paris, 1995)

Patrick French, *The Cut* (Oxford, 1999)

Denis Hollier, *Against Architecture* (Cambridge, 1989)

Francis Marmande, Georges Bataille politique (Lyons, 1985)

Arkady Plotnitsky, *Reconfigurations* (Gainesville, FL, 1993)

Michèle Richman, *Reading Georges Bataille* (Baltimore, 1982)

Michel Surya, *Georges Bataille: An Intellectual Biography* (London, 2002)

François Warin, *Nietzsche et Bataille: la parodie à l'infini* (Paris, 1994)

致 谢

本书由东肯塔基大学资助完成,在此必须提到安德鲁校长的慷慨。

还要提到反应出版社(Reaktion Books)的维维安·康斯坦丁诺普洛斯(Vivian Constantinopoulos)对于本书过长的准备阶段的理解和帮助。

瓦妮莎·科雷亚(Vanessa Corrêa)提供了书中部分照片,她还阅读并在整体上评价了原稿。毫无疑问,她的建议对于书稿的改进起到了不可估量的作用。为此,也为他给我的所有其他帮助,我将此书奉献给他。

图片使用致谢

作者和出版人希望对下列说明性资料的来源和复制这些资料的许可表示感谢。

2007 图片版权所有，艺术家权利协会（Artists Rights Society, ARS），纽约/法国图像及造型艺术著作人协会（ADAGP），巴黎：第 194 页；爱德华·巴尔杜斯（Édouard Baldus）图片藏品/国会图书馆，华盛顿特区（印刷和照片分割，LU-USZ62-62429）：第 202 页；安德烈·博南（André Bonin）图片藏品，伽利玛出版社版权所有：文前页、第 290 页；莫里斯·布兰戈特（Maurice Branget）图片藏品（罗热－维奥莱 [Roger-Viollet]，雷克斯图片社 [Rex Features] 捐赠，BRA-100671）：第 22 页；路易·卡尔波（Louis Carpeaux）图片藏品/薇拉视野（Vérascope）：第 73 页；瓦妮莎·科雷亚图片藏品：第 214 页、第 248 页、第 280 页、第 320 页。